国外国防科技年度发展报告（2021）

先进防御领域科技发展报告

XIAN JIN FANG YU LING YU KE JI FA ZHAN BAO GAO

中国航天科工集团第二研究院二〇八所

国防工业出版社

·北京·

图书在版编目（CIP）数据

先进防御领域科技发展报告/中国航天科工集团第二研究院二〇八所编著．—北京：国防工业出版社，2023.7

（国外国防科技年度发展报告．2021）

ISBN 978-7-118-12943-4

Ⅰ.①先… Ⅱ.①中… Ⅲ.①防御武器-科技发展-研究报告-世界-2021 Ⅳ.①E92

中国国家版本馆 CIP 数据核字（2023）第 117819 号

先进防御领域科技发展报告

编　者	中国航天科工集团第二研究院二〇八所
责任编辑	汪淳
出版发行	国防工业出版社
地　址	北京市海淀区紫竹院南路 23 号　100048
印　刷	北京龙世杰印刷有限公司
开　本	710×1000　1/16
印　张	18¼
字　数	204 千字
版 印 次	2023 年 7 月第 1 版第 1 次印刷
定　价	126.00 元

《国外国防科技年度发展报告》
(2021)
编委会

主　　任　耿国桐

委　　员（按姓氏笔画排序）

王三勇　王家胜　艾中良　白晓颖
朱安娜　李杏军　杨春伟　吴　琼
吴　勤　谷满仓　张　珂　张建民
张信学　周　平　殷云浩　高　原
梁栋国

《先进防御领域科技发展报告》编辑部

主　　编　吴　勤

副 主 编　贾晨阳　张梦湉　胡彦文

编　　辑（按姓氏笔画排序）

刘　杰　姜　源　韩妍娜

《先进防御领域科技发展报告》

审稿人员（按姓氏笔画排序）

卜先锦　方　勇　孙亚力　李　洲
高雁翎　蔡业泉

撰稿人员（按姓氏笔画排序）

井　京　朱风云　伍尚慧　刘　杰
孙雯超　邱苏玲　何小盼　张　萌
陈　悦　陈　兢　陈雅萍　赵　飞
姜　源　贾相晨　寇新宇　董诗潮
韩妍娜

编写说明

科学技术是军事发展中最活跃、最具革命性的因素，每一次重大科技进步和创新都会引起战争形态和作战方式的深刻变革。当前，以人工智能技术、网络信息技术、生物交叉技术、新材料技术等为代表的高新技术群迅猛发展，波及全球、涉及所有军事领域。智者，思于远虑。以美国为代表的西方军事强国着眼争夺未来战场的战略主动权，积极推进高投入、高风险、高回报的前沿科技创新，大力发展能够大幅提升军事能力优势的颠覆性技术。

为帮助广大读者全面、深入了解国外国防科技发展的最新动向，我们以开放、包容、协作、共享的理念，组织国内科技信息研究机构共同开展世界主要国家国防科技发展跟踪研究，并在此基础上共同编撰了《国外国防科技年度发展报告》（2021）。该系列报告旨在通过跟踪研究世界军事强国国防科技发展态势，理清发展方向和重点，形成一批具有参考使用价值的研究成果，希冀能为实现创新超越提供有力的科技信息支撑。

由于编写时间仓促，且受信息来源、研究经验和编写能力所限，疏漏和不当之处在所难免，敬请广大读者批评指正。

军事科学院军事科学信息研究中心
2022 年 4 月

前　言

随着空天威胁的不断升级，2021年世界主要军事国家继续全面推进先进防御技术发展，在动能反导技术、预警探测技术、激光武器技术领域取得重要进展。为便于相关人员快速、全面、系统地了解先进防御技术领域2021年度的发展情况，中国航天科工集团第二研究院二〇八所会同多家单位的学者共同编撰了《先进防御领域科技发展报告》。

本书由综合动向分析、重要专题分析和附录三部分组成。综合动向分析部分共有3篇动态报告，系统介绍了2021年国外先进防御技术、指控系统与技术、定向能技术的发展动向；重要专题分析部分分别对本年度先进防御领域值得关注的焦点做了专题研究；附录部分系统梳理了2021年国外先进防御科技领域的重大事件、重要战略文件及重大试验等。

尽管参加编撰的人员做了很大努力，但由于时间紧张，同时受到公开信息来源以及分析研究能力所限，错误和疏漏之处在所难免，敬请广大读者批评指正。

编者
2022年5月

目 录

综合动向分析
2021年先进防御领域科技发展综述 ········· 3
2021年指控系统与技术发展综述 ········· 16
2021年定向能武器装备发展综述 ········· 27

重要专题分析

综合战略
美国加快推动分层高超声速防御体系建设 ········· 37
美军提升巡航导弹防御作战能力思路分析 ········· 44
外军空袭与防空作战中电磁对抗装备体系发展研究 ········· 49
开放体系架构在美国陆军防空反导中应用分析 ········· 58
美国智库提出高超声速防御新思路 ········· 64

技术发展
美国导弹防御局加速推进"下一代拦截弹"研发 ········· 69
美国导弹防御局推动 C^2BMC 系统能力升级分析 ········· 73
美国陆军 IBCS 系统技术发展分析 ········· 82
俄罗斯机动近程防空系统技术发展分析 ········· 87

俄罗斯 S-500 防空反导系统技术发展分析 ………………………………… 94
俄罗斯"首领"防空自动化指挥系统技术特点分析 ……………………… 100
俄军新型防空雷达"叶尼塞河"技术特点分析 …………………………… 105

试验演习

北约"强大盾牌"防空反导系列演习 ……………………………………… 109
美国连续开展海基末段反导齐射拦截试验 ………………………………… 115
美国首次进行"地基拦截弹"新型助推器飞行试验 ……………………… 122
美国进行印太地区反导系统联合演习 ……………………………………… 127
俄罗斯成功进行直升式反卫星试验 ………………………………………… 132
俄罗斯首次举行反高超声速武器联合演习 ………………………………… 138
"铁穹"防空武器系统在巴以冲突中的使用情况 ………………………… 143

前沿技术

以色列研发机载激光武器 …………………………………………………… 150
美军研发基于超短脉冲技术的激光武器 …………………………………… 157
美军探索将兵棋推演应用于太空定向能作战 ……………………………… 163
美国海军开发基于人工智能的高能激光武器火控决策辅助系统 ………… 170

附录

2021 年先进防御领域科技发展十大事件 ………………………………… 179
2021 年先进防御领域科技发展大事记 …………………………………… 189
2021 年先进防御领域重大演习 …………………………………………… 257
2021 年先进防御领域重大试验 …………………………………………… 260
2021 年先进防御领域重大项目 …………………………………………… 265
2021 年先进防御领域重要战略政策汇编 ………………………………… 274

ZONG HE
DONG XIANG FEN XI

综合动向分析

2021 年先进防御领域科技发展综述

随着空天威胁不断升级,主要国家持续推动先进防御技术发展,以形成与新兴威胁发展相适应的实战能力。2021 年,国外主要军事国家面对不断升级的威胁,加速推进先进防御技术发展,探索应对未来威胁的技术途径与手段,以大幅提升实战能力,确保获取战略竞争优势。

一、高超声速防御技术持续推进

针对临近空间高超声速武器的快速发展与部署,各国正加快发展高超声速防御技术,美国高超声速防御技术取得重要进展,俄罗斯通过演习持续试验高超声速防御技术。

(一)美国全面推进高超声速防御技术发展

1. 美国导弹防御局发布高超声速防御构想

2021 年 6 月,美国导弹防御局公布了未来高超声速防御作战构想(图1),在模拟对抗场景中展示了未来高超声速防御作战的技术体系和交战模式,阐述了美国高超声速防御杀伤链闭合的关键要素。美国未来高超声速防御装备体系主要包括天基预警探测卫星星座、"宙斯盾"驱逐舰及"滑翔段拦截弹""标准"-6 IB导弹两型拦截装备。构想强调依托低轨星座与海、陆基雷达协同,解决高超防御预警探测难题;利用"宙斯盾"舰间的远程发射、远程交战和协同拦截能力,在高超目标飞行的滑翔段和末段实施多次拦截。美军正持续推进高超声速防御体系建设,以中近程助推滑翔高超导弹为主要目标,谋求形成"滑翔段+末段"分层、多次、协同反高超能力。

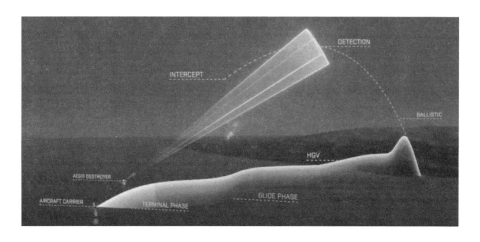

图1　导弹防御局发布未来高超声速防御作战构想

2. 高超声速防御预警探测技术取得重要进展

2021年11月,诺斯罗普·格鲁曼公司向美国导弹防御局交付了一颗"高超声速和弹道跟踪太空传感器"(HBTSS)原型卫星,并通过了关键设计评审,意味着美国导弹防御局认可了诺斯罗普·格鲁曼公司提出的HBTSS近地轨道卫星设计方案。按计划,诺斯罗普·格鲁曼公司将于2023年完成该卫星首星交付。在"高超声速和弹道跟踪太空传感器"原型卫星交付后,诺斯罗普·格鲁曼公司将进行在轨测试,证明其跟踪高超声速武器和弹道导弹威胁、处理传感器数据和将信息传递给指挥控制中心的能力。

该卫星将作为美国"下一代太空体系架构"的重要组成，实现对高超声速武器和弹道导弹威胁的全程跟踪。该卫星星座如图2所示。

图2 低轨"高超声速和弹道跟踪太空传感器"卫星星座

3. 美国导弹防御局启动"滑翔段拦截弹"项目研发

2021年4月，美国导弹防御局发布"增强高超声速防御"跨部门公告，正式启动"滑翔段拦截弹"项目研发，发展与海军"宙斯盾"系统兼容的高超声速防御武器。该项目是美军在发展高超声速防御能力上的一项重大工作。"滑翔段拦截弹"项目要求可集成在"宙斯盾"系统中，由MK-41垂直发射系统发射，采用动能毁伤方式拦截目标。11月，导弹防御局授予雷声公司、洛克希德·马丁公司和诺斯罗普·格鲁曼公司"滑翔段拦截弹"合同，要求在2022年9月前完成"滑翔段拦截弹"设计概念的开发及优化。导弹防御局表示，授予多家公司合同有助于降低研制风险并保证充分竞争。"滑翔段拦截弹"将填补美国高超声速防御体系中滑翔段拦截能力的空白。

（二）俄罗斯通过演习验证高超声速防御能力

2021年10月，俄罗斯首次成功进行了高超声速防御演习，俄罗斯防空部队在阿斯特拉罕州的阿沙卢克靶场对模拟高超声速目标的靶弹进行了实弹拦截。试验中，来自俄罗斯多个军区的防空导弹和雷达部队，在俄罗斯空天军防空反导指控中心统一协同下，针对巡航导弹和高超声速武器实施分层分区域多方向预警、探测和拦截作战演练。俄罗斯称 S-300、S-350、S-400 和 S-500 防空导弹系统都具有拦截高超声速武器的能力。在美军积极推进多型高超声速导弹研发和试验的背景下，俄军通过战法创新和协同指挥，充分利用俄罗斯广阔的国土纵深，检验现有防空反导体系对高超声速武器探测和拦截能力，探索应对新兴威胁的防御手段，对提升空天防御能力具有重要意义。

二、推进研发先进动能拦截技术应对新型威胁目标

为应对不断发展的威胁目标，国外主要军事国家一方面持续升级现有动能拦截技术，另一方面致力于推动新型动能拦截技术发展。

（一）新型动能拦截技术研发工作持续推进

1. 美持续推动"下一代拦截弹"研发工作

2021 年 3 月，美国导弹防御局向洛克希德·马丁公司和雷声－诺斯罗普·格鲁曼公司团队授出"下一代拦截弹"（图 3）合同。两家公司将根据合同，全面开展新型拦截弹的助推器和杀伤器的研发，并根据美国国防部目前的导弹防御战略，为"下一代拦截弹"进行技术开发和风险降低工作，使该系统能够在敌对环境中生存，同时还能应对新出现的威胁。该拦截弹是为地基中段防御系统设计和研发的新型动能拦截弹，预计 2029 年初步具备实战能力，将显著提升地基中段防御系统应对未来威胁的能力。

综合动向分析

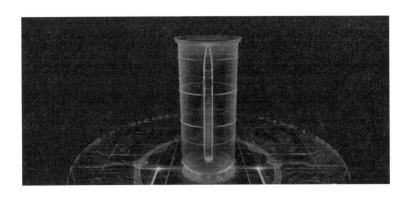

图 3 "下一代拦截弹"概念图

2. 美国与以色列合作研制新型"箭"-4 拦截弹

2021 年 2 月,以色列国防部表示已与美国开始联合研制"箭"-4 导弹防御系统(图 4),该系统将在未来取代现役的"箭"-2 导弹防御系统。以色列国防部长甘茨表示,"箭"-4 系统主要用于在末段低层拦截来袭弹道导弹,同时还有望能够对抗大气层外的威胁,成为一种兼具大气层内外作战能力的武器。目前,以方尚未公布"箭"-4 系统的具体能力参数,但根据该系统定位,预计将在现有末段低层反导能力基础上进行拓展,进一步强化以色列现有的多层反导体系。

图 4 以色列发布的"箭"-4 导弹防御系统概念图

（二）研发新型助推器提升导弹拦截能力

美国导弹防御局继续升级现役"地基拦截弹"。2021年9月12日，美国导弹防御局成功进行"地基拦截弹"二/三级可选火箭助推器的飞行测试。试验中，"地基拦截弹"在三级火箭助推器未点火状态下成功释放杀伤器，该能力通过软件升级实现，操作员可以根据威胁的位置和速度，在两级或三级拦截器之间进行实时选择。二级模式能在飞行高度较低时就释放杀伤器，拓展"地基中段防御"系统拦截近界，为美军中段反导拦截提供更多的交战时间和空间，增加对洲际弹道导弹的二次补拦机会，提升拦截成功率。二/三级可选助推器作为美"地基拦截弹"的关键组成部分，部署后可进一步提升"地基拦截弹"防御能力，为美国"地基中段防御"系统改进升级、强化国土防御能力提供重要支撑（图5）。

图 5 美国地基拦截弹遂行拦截任务

三、先进雷达探测技术发展取得重大进展

各国积极推进先进雷达探测技术,美国防空反导雷达探测新技术应用日趋成熟,且在探索开发分布式组网协同探测技术。

(一) 防空反导雷达探测新技术应用日趋成熟

美国"远程识别雷达"实现初始部署。2021年12月,美国导弹防御局在阿拉斯加州的克利尔太空军基地举行仪式,宣布"远程识别雷达"完成初始部署。目前,"远程识别雷达"已经完成了雷达阵列安装和全部军事建设,预计2022年将集成至"地基中段防御"系统和C^2BMC系统中,2023年形成全面作战能力。"远程识别雷达"是先进的高功率S波段宽视场有源相控阵雷达,具备对洲际弹道导弹的远距探测和跟踪能力,采用开放式体系架构技术和多种识别技术,可有效识别假弹头及诱饵,是美国正在构建的分层国土防御体系的重要组成,服役后将提升美国"地基中段防御"系统作战效能。此外,该雷达未来还将形成对高超声速打击武器的探测能力。

(二) 探索开发分布式组网协同探测技术

美国开展新型SPY-6雷达组网探测技术研究。2021年11月,雷声公司联合美国海军研究办公室成功完成"组网协同雷达"项目演示验证,后续将继续为SPY-6雷达合作开发新软件,以实现多型SPY-6舰载雷达的互联。其间,两部AN/SPY-6水面雷达模拟器,通过分布式感知功能对目标进行协同探测,并生成完整的目标态势感知信息。演示证明,AN/SPY-6等战术雷达可以支持该计划开发的先进雷达概念。多个基于"组网协同雷达"项目的传感器可协同识别和跟踪威胁目标,并实时传递探测信息以提高作战能力。SPY-6雷达升级后,可使处于战场不同位置的舰船实现战术数据共

享,并获得更加全面的战场态势信息,为海上分布式作战提供支撑(图6)。

图6 正在装配SPY-6雷达的"阿利·伯克"级 Flight Ⅲ型驱逐舰首舰"杰克·H·卢卡斯"号

四、重视指挥控制新技术应用发展

指挥控制技术发展正朝着协同一体化方向发展,使之前独立发展的系统之间具备互联互通互操作的能力,最终实现多系统综合集成,大幅提升拦截作战能力。

(一)美国陆军一体化防空反导指控技术取得重要里程碑进展

美国陆军一体化防空反导是实现陆军战区防空反导一体化的核心和关键,该项目主要研发"一体化防空反导作战指挥系统"(IBCS)。2021年7月15日,IBCS在新墨西哥州白沙导弹靶场完成第八次也是最后一次研发试验。在此次试验中，IBCS 集成了迄今为止最广泛的传感器，验证了 IBCS 连接跨军种传感器的能力，为实战部署前的初始作战试验奠定了基础。试验中发射了两枚巡航导弹靶弹，一枚靶弹负责执行毁伤雷达的电子攻击任务，另一枚靶弹负责对高价值资产进行打击。来自第 6 防空炮兵团第 3 营的防空反导试验分队的士兵使用 IBCS 探测跟踪来袭巡航导弹，识别威胁目标，并发射"爱国者"-3 导弹进行拦截。IBCS 系统具有弹性、开放、模块化、可扩展架构的特点，能够高效且经济地集成网络资产，反无人机系统，第 4、第 5 代战斗机，天基传感器等系统，实现"全域内所有传感器—最佳射手"的连通，为未来实现联合全域指挥控制下的作战奠定基础。

（二）防空反导指挥控制技术持续升级

俄罗斯新型战术级防空自动化指挥系统完成国家测试。2021 年，俄罗斯新型战术级防空自动化指挥系统完成国家测试，并列入俄罗斯军队 2021 采购清单，已开始批量生产。新型战术级防空自动化指挥系统"首领"（图 7）是在"巴尔瑙尔"-T 防空自动化指挥系统的基础上研制完成，可以实现

图 7　俄罗斯"首领"战术级防空自动化指挥系统

防空指挥和火力杀伤的网络化和智能化，满足现代防空作战高效预警、快速决策与及时响应的需求，进一步提升近程防空系统作战能力。该系统可以集成到未来多个防空导弹系统构成的防空体系中，将有效提高俄军野战防空系统防御高精度制导武器和多用途无人机的能力。

五、定向能技术逐步应用于防御作战

各国期望通过开发先进的定向能技术，形成具有变革性的防御能力，提高作战效费比，应对未来快速发展的复杂的目标威胁。

（一）美国陆军加速推进激光技术应用

美国陆军完成"机动近程防空"系统50千瓦级激光武器测试。2021年8月，美国陆军完成了"机动近程防空"系统的50千瓦级激光武器测试。测试模拟可能的多种作战场景，检验了该系统应对无人机和火箭弹、火炮炮弹和迫击炮弹的能力。该系统基于"斯特赖克"装甲车（图8）开发，配装了Ku波段多任务半球雷达和50千瓦级激光武器，具备对威胁目标的全向探测能力，最大拦截距离5千米，可在行进中射击。陆军计划在2022财年在欧洲部署4辆"定向能－机动近程防空"系统原型车。该装备列装后，将弥补美国陆军末端防御能力短板，为机动部队、军事基地和高价值资产提供更有效的保护。

（二）以色列机载高功率激光武器首试成功

2021年6月，以色列国防部宣布，空军成功完成了机载高功率激光武器拦截无人机的试验。试验在以色列中部海域上空进行，激光器部署在民用飞机平台上，在约900米的飞行高度，成功拦截1千米外的多型无人机靶机，完成机载高能激光武器系统研制的第一阶段工作。综合分析，此次试验采用的激光器可能为固态二极管泵浦激光器,最大功率100千瓦,电光转换率可能达到35%。以色列表示开发该系统的目的除了应对无人机等威胁外,还包括拦截远程火箭弹,该系统能够在云层上空使用激光摧毁目标,具有全天候拦截能力。以色列机载高能激光武器拦截无人机试验成功,说明其在激光器小型化、高质量光束、高精度跟踪瞄准、机体和气流振动、热管理等方面取得重要进展。此次试验将加速空基激光武器实战化应用,进一步强化以色列立体多层导弹防御系统,推动其防空反导能力发生战略性变革。

图8 搭载50千瓦激光武器的"斯特赖克"装甲车

六、重视创新技术在防空反导领域的应用

各国重视创新概念与颠覆性技术在防空反导领域的应用,美国一直强调要在导弹防御中加大人工智能技术的应用,英国通过人工智能技术测试

展示了海上防空的未来发展。

美国海军开发基于人工智能技术的定向能辅助决策工具。2021年8月，美国海军水面作战中心达尔格伦分部宣布正在开发一种基于人工智能的决策辅助工具，帮助海军士兵快速、准确地操作高能激光武器系统（图9）。该系统可在作战中根据目标特性快速选择目标瞄准点，确定输出功率和所需照射时间，并结合环境情况自动进行大气补偿，实现激光武器作战中的捕获、跟踪、瞄准、发射、交战和评估等环节的快速响应。在人工智能辅助决策的帮助下，激光武器系统可在极短时间内处理、融合和理解大量数据和信息，从而缩短激光武器打击目标所需时间，使激光武器的作战能力得到进一步提升。

图9 美国海军发布的舰载激光武器拦截示意图

英国海军首次在防空演习中测试人工智能技术。2021年5月至6月，美国和北约盟国在英国苏格兰和挪威海域举行了两年一度的"强大盾牌"军事演习。在此次演习期间，英国皇家海军首次在海上防空反导场景中测试人工智能软件,在人工智能软件的协助下击中了来袭导弹。本次演习中,英国政府国防实验室在"龙"号驱逐舰和"兰开斯特"护卫舰上安装了人工智能和机器学习应用程序——Startle 和 Sycoiea 系统,在演习中对它们进行了测试。Startle 旨在通过提供实时建议和警报,减轻海军作战人员在作战室监视"空中图像"的负担。Sycoiea 则在此基础上,为作战室团队提供有效识别来袭导弹的能力,并提出最佳武器的建议,其速度比最有经验的操作员更快,Sycoiea 代表了人工智能在自动化平台和部队威胁评估武器分配领域的最前沿应用。

(北京航天情报与信息研究所　陈兢)

2021 年指控系统与技术发展综述

2021 年世界反导系统相关指控系统与技术持续发展并取得多项关键进展。美国陆军"一体化防空反导作战指挥系统"（IBCS）完成研发转低速率生产的重要里程碑节点决策转入低速率生产并完成最后一次研发试验。美国"指挥控制、作战管理与通信"（C^2BMC）系统继续升级并发布未来信息征询意见书寻求新的作战能力"增量"-9 和"增量"-10。美国持续推进"先进作战管理系统""联合全域指挥控制""太空传输层"等相关作战概念和指控系统软硬件的发展，将对未来反导指控系统能力提升产生深远影响。

一、防空反导指控系统持续推进研发、部署和升级

（一）美国陆军"一体化防空反导作战指挥系统"完成研发试验并进入小批量生产和装备作战试验

2021 年 1 月，美国国防部审核批准了"一体化防空反导作战指挥系统"研发达到 C 级里程碑。该决定推动了美国陆军授予诺斯罗普·格鲁曼公司

小批量试生产合同，项目随后将进入作战测试阶段。

5月5日，美国陆军一体化防空反导项目办公室项目主任威尔克森称，虽然已获批转向小批量试生产，但国防部采购主管已下令对该系统进行几项变更：一是陆军将创建一个通用的方法，用于提高该系统以及与之合作的传统产品的可靠性；二是项目管理办公室将与执行办公室合作，重新设计装载硬件的拖车。这些变更要求按计划在10月前完成。

7月15日，该系统在北卡罗来纳州白沙导弹靶场完成第6次也是最后一次研发试验。试验期间发射了2枚巡航导弹靶标，其中一枚执行电子攻击任务，破坏雷达性能，另一枚则针对装备实施威胁攻击。为了击败这些目标，"一体化防空反导作战指挥系统"展示了对非陆军传感器的集成——海军陆战队的AN/TPS-80地面/空中任务导向雷达（G/ATOR）和2架F-35联合攻击战斗机。地面/空中任务导向雷达通过联合跟踪管理能力与"一体化防空反导作战指挥系统"连接，这也是海军"协同交战能力"系统和陆军"一体化防空反导作战指挥系统"之间首次建立起联系桥梁的试验。试验由美国陆军第6防空炮兵团第3营的士兵在白沙靶场实施，通过"一体化防空反导作战指挥系统"跟踪巡航导弹靶标，确定其中哪一枚是威胁，并发射了"爱国者"-3拦截弹，成功拦截威胁目标。

"一体化防空反导作战指挥系统"将可以使用多种探测传感器和拦截武器来扩展战场空间，可为士兵提供360°的保护，通过早期探测和持续跟踪提高生存能力，并击败复杂的威胁。"一体化防空反导作战指挥系统"由诺斯罗普·格鲁曼公司负责研发，目前项目开展已经超过11年时间。

（二）美国导弹防御局继续研发改进和部署升级C^2BMC系统

目前，C^2BMC系统已经集成和计划未来集成的导弹防御资源包括：导弹防御局的海基X波段雷达、美国太空军的"持续过顶红外"系统、升级型早期预警雷达和丹麦"眼镜蛇"雷达、美国海军的 AN/SPY-1 雷达、AN/SPY-6 雷达、导弹防御局的 AN/TPY-2 雷达、其他外部资源，以及美国太空军的远程识别雷达（2022 年）、导弹防御局的天基杀伤评估系统（2023 年）、F-35 战机（正在评估）；防御拦截武器包括导弹防御局的地基中段防御系统、美国海军的"宙斯盾"系统（包括海基和陆基型）、美国陆军的"萨德"系统和"爱国者/一体化防空反导作战指挥系统"。C^2BMC 系统主要任务如下：一是有效计划导弹防御作战行动；二是为所有指挥层级提供态势感知能力用于支持指挥控制；三是为传感器和武器系统提供作战管理工具；四是为弹道导弹本土防御和区域防御提供分布式训练；五是为导弹防御系统、国际装备资产、全域远距离传感器及加固的网络之间提供连通能力。

2021 年 3 月，美国导弹防御局发布 C^2BMC 系统新的需求征询意见书，就软件开发需求，特别是"能力增量"-9 和"能力增量"-10 需求、网络能力需求、安全需求和计划编制器需求等方面提出要求并寻求新的作战能力，其中"能力增量"-9 计划集成、协调和增强的导弹防御作战能力包括：一是支持海基 X 波段雷达的前置识别；二是支持"地基中段防御系统"使用先进识别用于拦截作战；三是扩大与"过顶持续红外"企业空间资产接口，提高防御增加的中远程导弹威胁的能力；四是为所有类型的导弹威胁提供分层、协调的主动防御；五是为作战指挥官提供更新的导弹防御态势感知能力。"能力增量"-10 计划主要内容包括：一是新增传感器的初始能力部分，提供改进的目标航迹关联、改进的拦截弹同威胁关联的功能，新增传感器除了数据用于评估拦截是否成功之外，还额外增加了系统的战略威胁能力；二是支持下一代拦截弹的部署，预计下一代拦截弹将部署在多处陆基"宙斯盾"阵地和海基"宙斯盾"舰上，作为欧洲增强中远程导弹防御系统的一部分，进而增强欧洲的整体防御能力，同时下一代拦截弹将提供对中程导弹和中远程导弹的早期拦截能力，并为更强的国土防御提供额外的一层拦截能力；三是扩大导弹防御火控系统协调范围和改进雷达的识别能力，部署先进的识别技术，包括地基中段防御利用来自导弹防御系统全部传感器的融合数据来提高本土防御能力。

2021年8月，洛克希德·马丁公司获得美国导弹防御局授予的一份价值1.57亿美元合同，用以增强C^2BMC系统对地基中段防御系统的支持。地基中段防御系统包括基于发射井的拦截弹、与系统相连的地基和海基传感器、分布式火控和发射支持系统等。目前，地基中段防御系统从多个雷达数据源中选择其中一个最佳数据来应对威胁。未来升级的C^2BMC系统将关联和融合来自更广泛传感器（包括卫星、地面和舰载传感器）的数据，为地基中段防御系统提供威胁目标的单一、系统、实时、综合的雷达轨迹图。一旦升级完成，地基中段防御系统就能够看到与当前作战指挥官相同的战场画面，而且C^2BMC系统还能将通过Link 16战术数据链网络上报的高超声速威胁目标的行动显示给操作员。

二、美国持续开展联合全域指挥控制相关探索与研发试验

（一）美国国防部"联合全域指挥控制"完成战略制定

美国国防部"联合全域指挥控制"概念旨在将所有传感器、指挥与控制节点连接在一起，以快速响应威胁。2021年5月，美国联合参谋部对国防部"联合全域指挥控制"战略进行修订，修订版正在等待国防部副部长希克斯审批。该文件分为涉密版和非密版，明确了"联合全域指挥控制"发展方向及相关的里程碑，其中非密版去除了核指挥与控制设备的相关信

息。除"联合全域指挥控制"战略外,国防部关于指挥控制方面的工作还包括:一是已接近完成的态势评估工作,概述了国防部为全面实现战略目标而需解决的能力和资产问题;二是"联合全域指挥控制"的实施规划,将包括具体发展计划、里程碑、交付时间和期望交付时间。

战略本身并不包含如何推进的详细说明,详细实施方案包括目标、任务、计划和节点等方面内容在未来将会正式推出,目前处于草案阶段。联合需求监督委员会将会向各军种发布"数据法令"用于数据共享,但仍然无法保证数据在各军种间的完全兼容,所以各军兵种可以拥有独立的数据标准。下一阶段,联合参谋部将通过开发联合全域指挥控制体系结构进一步解决军种及作战司令部之间的数据共享问题。

(二) 美国空军全面开展"联合全域指挥控制"相关试验与研发

2021年2月,美国驻欧洲-非洲空军司令部与空军部首席架构师办公室在波罗的海及其周围的国际水域和空域进行了一次"联合全域指挥控制"演示验证,旨在测试和观察联合部队、盟国和合作伙伴整合的能力,并提供跨多个网络对多个部队进行指挥控制的能力。

7月,美国空军与凯米塔公司签署一份技术演示和技术成熟协议,以加强先进的全域连接能力,并支持美国空军"先进战斗管理系统"相关工作。根据公司声明,这份价值9.5亿美元的不确定交付/不确定数量合同将涵盖"跨平台和跨域能力的技术成熟、演示和推广,利用开放系统方法进行设计,现代软件和算法开发"等方面,最终实现"先进战斗管理系统"技术目标。这些技术最终将为国防部"联合全域指挥控制"提供空中的指挥控制能力。

(三) 美国国会研究部报告梳理联合全域指挥控制进展和问题

2021年8月,美国国会研究部发布新版《联合全域指挥控制:背景和问题》报告，梳理了国防部开发指挥和控制军事力量新方法、新技术的主要进展，并向国会报告了可能需要考虑的问题，包括需求验证与成本估算，各军种及盟友间的通信互操作性，竞争性通信需求的平衡，人工智能在指控决策中的应用，可能的兵力结构调整，国防部各个联合全域指挥控制相关项目的管理等。

联合全域指挥控制概念由美国国防部提出，目标是将陆军、空军、海军、海军陆战队和太空军等所有军种的传感器连接到一个统一的网络中，基于距离、反应时间和用户需求来确定最佳匹配方式，找到攻击给定目标的最佳平台，或者最能应对新威胁的单元。目前美军多个部门和军种已启动了相关项目，如国防部首席信息官的"5G 信息通信技术"、国防高级研究计划局的"马赛克战"、空军的"先进战斗管理系统"、海军的"强者"项目等。

三、指控系统相关支撑技术持续快速发展

（一）指控与通信系统相关研发合同持续授出

2021 年 2 月，蓝色峡谷技术公司获得一份价值 2650 万美元的合同，将为美国国防高级研究计划局（DARPA）再生产 6 颗卫星，用于支持其"黑杰克"项目演示低轨小卫星网状网络。国防高级研究计划局已于 2020 年 6 月授予该公司一份价值 1410 万美元的合同，用于采购 4 颗卫星，首批的 4 颗卫星在 2021 年底前交付，本次订购的 6 颗卫星预计将于 2022 年底前交付。蓝色峡谷技术公司已基于 150 千克的 X–SAT 商用卫星平台为国防高级研究计划局开发设计定制的卫星平台。该定制平台包括先进的电推进系统、电力系统、指挥与数据处理、射频通信，以及可搭载不同军用载荷的接口

等。根据计划，国防高级研究计划局将于 2022 年底开始星座部署。

9 月，美国太空军授予 Sev1Tech 公司原型数据传输服务合同，价值 4750 万美元，以演示一种连接太空运营商与全球各地作战人员的原型数据传输能力，这将为美军"联合全域指挥控制"网络奠定基础。该合同由美国太空军系统司令部通过太空产业联盟地面和通信产业跨任务部门发布。根据合同，Sev1Tech 公司将部署和运营一个多节点 MeshONE-T 原型，以促进安全通信和多域通信的云连接。MeshONE-T 原型具有可伸缩性、弹性和路径多样性等关键属性，致力于为所有武器系统提供现代化通用解决方案。Sev1Tech 公司的原型数据传输网络属于美国空军"先进作战管理系统" mesone-terrestrial 项目，该项目正在开发一种高带宽战术网络能力，可连接来自联合军种、情报界和盟国合作伙伴的作战人员。

（二）美国国防部结束新一轮的机器学习技术测试

7 月，美国国防部结束了旨在推进各作战指挥部之间数据共享的新一轮机器学习技术测试。7 月 8 日至 15 日进行的第 3 次全球信息主导实验（GIDE 3）中，美 11 个作战司令部、联合人工智能中心（JAIC）和其他技术领导人集中在一起测试将人工智能机器学习技术应用于作战演习。本次实验主要是对联合人工智能中心的匹配工具进行测试。该工具为"全域联合指挥控制"战略提供一个跨域链接和数据分析的核心功能，将各领域原有的孤立数据结合起来取代通过无线电交换情报的人工分析过程，通过读取现场实时数据和分析人员的评估结果，为指挥官创建恰当的防御方案，帮助指挥官做出决策。

（三）美国空军基地持续推进部署指挥控制、通信和响应综合防御系统

8 月，美国 Novetta 公司宣布约翰逊空军基地已经接受了该公司开发的指挥控制、通信和响应综合防御系统，2022 年将有 11 个基地采用该系统，

未来五年内美国空军计划在整个空军全面部署。指挥控制、通信和响应综合防御系统为美国空军提供了基地综合防御技术，帮助空军监控基地安全，并将飞行员和智能系统连接起来，以便在执行防御任务时快速决策。该系统是一个开放式架构的边缘云系统，旨在将 DevSecOps 集成到电子安全、控制、武器系统和其他非传统操作技术中，以确保数据可用性，并为操作员提供可使用的信息。

（四）DARPA 将"用于异构电子系统的综合系统技术集成工具链"（STITCHES）移交美国空军

9 月，DARPA 将 STITCHES 完全移交给美国空军。STITCHES 是一种数据转换工具，可自动集成跨领域不同系统的数据，以促进美军"联合全域指挥控制"的实现。STITCHES 的移交始于美国空军第五次"架构演示和评估"演习，其间成立了"STITCHES 作战应用小组"（SWAT），旨在解决其他组织机构的数据集成问题。国防高级研究计划局战略技术办公室主任蒂姆·格雷森表示，SWAT 是一个新型办公室机构，而非"一个传统的、开发技术的项目办公室"，将支持其他组织机构自行使用 STITCHES 工具，以应对跨领域不同系统间的互操作性挑战。

四、指控系统及相关技术继续在多次演示和演习中开展试验

（一）美国驻欧洲空军司令部完成"联合全域指挥控制"演示验证

2021 年 2 月，美国驻欧洲-非洲空军司令部与空军部首席架构师办公室在波罗的海及其周围的国际水域和空域进行了一次"联合全域指挥控制"演示验证，旨在测试和观察联合部队、盟国和合作伙伴整合的能力，并提供跨多个网络对多个部队进行指挥控制的能力。参与单位包括美国驻欧洲

-非洲海军司令部/美国第6舰队、美国驻欧洲-非洲陆军司令部、美国战略司令部、英国空军、荷兰空军和波兰空军。此次演示验证与寻的演示同时进行,测试了联合部队对无人机系统的探测与瞄准能力、巡航导弹对基地的打击能力。验证期间,联合部队参与了两个不同的任务线。首先,来自第48战斗机联队的美国空军F-15C"鹰"式战斗机和F-15E"攻击鹰"战斗机在波罗的海上空使用联合空对地防区外导弹部署战术进行了一场寻的演习。美国和英国提供了情报、监视与侦察空中资产,以支持寻的和指挥控制演示验证。美国空军与荷兰皇家空军资产还参与了一个涉及德国拉姆斯坦空军基地防务的任务线。此外,美国太空军也对此次演示验证进行了支持,对第16太空控制中队的通信环境进行了一次多波段评估。

(二)美国空军"橙色旗帜""黑色旗帜"演习推动全域数据集成

3月10日,美国空军发布公告称,在3月2日至4日举行的"橙色旗帜"和"黑色旗帜"演习中成功验证了全域指挥控制能力。参与此次演习的两支队伍分别来自加利福尼亚州爱德华兹空军基地的空军测试中心第412联队,以及位于佛罗里达州的埃格林空军基地第53联队。空军负责人称,两次演习取得了巨大的成功。"橙色旗帜"演习致力于编织密集"杀伤网",使用传感器和跨域(陆、海、空、天、网)的支撑要素,在基于自适应动态"杀伤网"中获取有关潜在目标信息,为指挥官提供快速识别目标和任务决策所需数据。此次演习中,F-35与F-22战斗机成功集成陆、海、天基传感器,并且全程"无人参与"。此次演习内容还包括通过全域测试多国F-35的指挥控制系统集成、情监侦资源整合。"黑色旗帜"涉及类似的综合演习,演习内容包括测试和验证H-60"铺路鹰"武装直升机的空对空生存能力及战术改进方案、F-35排放控制方案制定以及F-16战斗机雷达持续战术制定与评估。"黑色旗帜"演习旨在利用现有和新兴装备创造和发现能力，打造高端创新测试平台，且该演习具有战略影响战术的效果。"橙色旗帜"演习于3年前启动，旨在评估在复杂威胁环境下作战系统的集成。美国空军还宣布，下一次"橙色旗帜"演习将于2021年6月举行，演习的重点是验证"联合全域指挥控制"能力。届时将会测试包括"网关1"以及"天空博格人"有人–无人编组飞行等项目。

（三）"融合计划2021"传感器到射手演示活动

4月，美国陆军计划通过通信演习验证实现联合互操作的技术，以参加"融合计划2021"传感器到射手的演示活动。"融合计划2021"与2020年不同，不再是陆军特有的，而是联合军种的联合行动，联合现代化司令部已指定为2021年活动的领导者。陆军于2021年早些时候在马里兰州阿伯丁试验场的联合系统集成实验室已完成第一次通信演习，即COMEX 1，聚焦"融合计划2021"的特定任务。陆军4月进行了第二次通信演习（COMEX 2），涉及大约50种支持联合互操作的技术。第三次通信演习期间，陆军将建立战术空对地网状网络和机密级及绝密级作战网络；第四次通信演习期间，陆军将开始通过这些网络将数据传送到"融合计划2021"。

（四）北约"海上演示/强大护盾2021"（ASD/FS–2021）军演举行一体化防空反导（IAMD）实弹演习

5月至6月期间，北约在英国赫布里底靶场和挪威安德亚靶场举行了由美国导弹防御局、美国第六舰队、海上战区导弹防御论坛（MTMD）共同组织的"海上演示/强大护盾2021"实弹综合防空反导演习。共有来自比利时、丹麦、法国、德国、意大利、荷兰、挪威、西班牙、英国和美国10个北约国家的16艘舰船、31架飞机和约3300名人员参加了此次演习，西班牙"克里斯托弗·哥伦布"号护卫舰是此次演习的旗舰。此次演习包括了150场实战演练和实时事件，展示了北约联合防御亚声速、超声速和弹道导弹威胁的能力。"海上演示/强大护盾"是在欧洲举行的唯一实弹拦截弹道导弹演习，位于德国拉姆施泰因的北约联合空中司令部的弹道导弹防御作战中心在弹道导弹防御作战期间提供了指挥控制能力。美国通过该演习，不断提高与盟友的导弹防御互操作性，在指挥控制网络、传感器、一体化防空反导系统等能力域实现互操作，最终实现全球导弹预警－跟踪－拦截体系能力集成，完成美国本土、海外基地、盟友防御能力全覆盖，为维持全球利益提供保障。

（北京航天情报与信息研究所　朱凤云）

2021 年定向能武器装备发展综述

2021 年各国持续推进定向能武器装备技术发展，明确提出定向能武器发展规划，推动陆、海、空基定向能武器的项目研发及试验测试，部分装备已经进入试验测试或小批量列装阶段，并积极开展超短脉冲激光、天基定向能武器等的技术探索及应用创新。

一、顶层牵引推动定向能武器装备研发能力发展

（一）美国国防部定向能官员明确大功率激光器发展路线图

2021 年 3 月，在美国国防工业协会举办的线上太平洋作战科学和技术会议上，国防部研究与工程办公室定向能负责人表示，定向能技术目前已经取得了良好的发展，国防部正在资助工业界制造高功率激光器。目前，美军已同四家公司签订了 300 千瓦激光器开发合同，将陆续在 2023 年上半年完成研制工作，随后美军将对这些 300 千瓦激光系统进行测试和评估演示，以确定相关系统在实战环境中的性能。完成 300 千瓦级激光器研制后，国防部将用 24～36 个月的时间开发 500 千瓦级激光器，进而将立即着手开

发兆瓦级激光器。美军认为 300 千瓦级激光器已经具备可信的巡航导弹防御能力，而兆瓦级则被认为是激光反弹道导弹的"门槛"，美军加快高功率激光武器的研发进度，基于这一路线图，国防部将通过一条清晰、明确路线获得强大的激光能力，体现出对可重塑未来战场新能力的迫切需求。

（二）美国空军研究实验室发布《定向能未来 2060》报告

2021 年 7 月，空军研究实验室发布《定向能未来 2060》报告，预测 40 年后定向能武器应用趋势，分析了美国在定向能领域可能领先或落后于对手的情况。报告认为，定向能技术将在三个方面发挥重要作用。一是信息优势作战需要控制电磁频谱，在冲突中需要电磁战或定向能武器获得电磁频谱优势；二是作为综合分层防御的一部分，能够实现低成本、快响应的防御作战；三是可在所有领域和冲突阶段发挥灵活性、可扩展性和精确性，可完成特种作战及天基等任务。在能力上，报告强调利用空基和天基定向能平台，实现更大范围的区域防御和多点防御，推动未来防御作战样式变革。本报告由空军研究实验室为美国国防部长直管的定向能利益共同体办公室编写，多家美军定向能领域管理和研发机构参与，其研究内容反映了美军对未来定向能技术发展的思考和规划，可能对美军定向能技术发展产生重要牵引作用。

（三）日本防卫研究所建议依靠定向能武器应对导弹威胁

2021 年 3 月，日本防卫省的防卫研究所发布《东亚战略概观 2021》报告，敦促日本政府日益关注高功率微波武器和激光武器等先进军事技术的发展，以帮助应对愈加严重的导弹威胁。报告表示，定向能技术很可能成为导弹防御领域的"游戏规则改变者"，使日本能够同时击落多枚导弹，而且与当前技术相比，能够大幅降低每次拦截的成本。日本现有导弹防御能力主要依靠海基"宙斯盾"系统和陆基"爱国者"－3 系统。然而，随着俄罗斯等国家高超声速武器技术取得巨大进步,以及朝鲜开发用于突破对手导弹防御系统的新型弹道导弹,日本在应对邻国快速扩大的导弹能力方面可能面临重大困难,定向能武器可能成为日本解决导弹防御困境的重要手段。

二、各国加快推进定向能武器实战能力发展

(一)美国海军开发用于激光武器交战的智能辅助决策工具

2021年8月,美国海军水面作战中心达尔格伦分部宣布正在开发一种基于人工智能的决策辅助工具,旨在帮助海军士兵快速、准确地操作高能激光武器系统。该系统可在作战中根据目标特性快速选择目标瞄准点,确定输出功率和所需照射时间,并结合环境情况自动进行大气补偿,实现激光武器作战中的捕获、跟踪、瞄准、发射、交战和评估等环节的快速响应。在人工智能辅助决策的帮助下,激光武器系统可在极短时间内处理、融合和理解大量数据和信息,从而缩短激光武器打击目标所需时间,使激光武器的作战能力得到进一步提升。

(二)美国海军采用创新方法解决激光武器舰上供能问题

2021年8月,美国海军水面战中心表示正采用创新方法,满足高能激光武器在舰上的供能问题。水面战中心研发并演示了"发电与能源分析与仿真系统",展示了将大功率武器集成至舰艇电网的可行性,并合作研究了舰艇定向能武器、电源、热管理系统的特性与耦合关系。研究人员表示,高能激光武器与舰艇电网集成后,不会影响舰艇其他设备供电。科研人员将开发储能系统、配套的建模与仿真工具,以解决激光武器接入舰艇电网所面临的电源、控制等工程问题。定向能武器和下一代传感器耗电量极大,

需要先进的电力与能源系统，这使得电能成为杀伤链的基础，功能强大的弹性电网成为快速部署任务负载的关键。

（三）美国陆军基于"分布式增益"技术开发 300 千瓦激光武器

2021 年 10 月，美国陆军快速能力和关键技术办公室宣布授出"分布式增益高能激光武器系统"原型设计合同，由通用原子电磁系统公司和波音公司联合研制 300 千瓦级固态分布式增益激光器。其中，波音公司将提供其光束导引器和精确采集、跟踪和指向软件，通用原子电磁系统公司将提供其可扩展的分布式增益激光技术、电池系统和综合热管理系统。"分布式增益"技术具有换热能力强、体积小、重量轻、定标放大性好、单腔单模块系统简洁等优势，能够提升固体激光系统的输出功率和光束质量，或将成为未来高能激光的重要技术路线之一。

（四）美国空军拨款支撑高功率微波技术创新研究

2021 年 8 月，美国空军研究实验室定向能研究中心宣布其高功率微波项目将向小企业创新研究基金拨款 1000 万美元，用于开展共形天线、圆极化天线、高频高功率微波源和固态开关技术 4 个高功率微波主题领域研究，希望在紧凑型高增益天线、用于效应研究的高频源和用于高重复频率脉冲功率的固态开关研究中进一步推广高功率微波技术。每个主题第一阶段将包括 16 份合同，每份合同为期 9 个月；第二阶段为 8 份合同，每份合同为期 18 个月。这些技术将为基地和飞机防御提供另一种选择。目前，空军研究实验室正积极支持小企业研究，寻找转型、创新的新思路。

（五）欧洲各国推动定向能技术军事应用

2021 年 1 月，德国莱茵金属和欧洲导弹集团获得德国海军合同，将为其开发激光武器演示器。欧洲导弹集团负责开发跟踪系统和操控制台，并将激光武器演示器链接到指挥与控制系统。莱茵金属公司负责开发激光武器站、光束引导系统、冷却，以及将激光武器系统集成到激光演示器的项目装置中。激光武器演示器计划于2021年底完成制造、测试和集成，2022年将在德国海军护卫舰上进行试验。2021年5月，意大利空军无人机卓越中心宣布正在评估微波和激光作为击落无人机的解决方案。意大利空军将持续关注军用无人机及民用无人机市场，以监测对军事基地、机场和国家领空的潜在威胁。

三、定向能武器测试明显提速，多型装备已接近列装

（一）美国海军开展"高能激光与一体化光学致盲与监视系统"测试

2021年8月，美国海军宣布在"阿利·伯克"级驱逐舰上成功集成首套"高能激光与一体化光学致盲与监视系统"，正在弗吉尼亚州的沃洛普斯岛开展试验测试。该系统是一款60千瓦功率的光纤激光武器系统，由洛克希德·马丁公司负责研发，具备软硬杀伤和情报支援能力，既可用硬杀伤方式毁伤无人机等目标，也可用软杀伤方式对光电传感器实施致盲干扰，还可利用其跟瞄系统为水面舰艇提供远程情报、监视和侦察支持。列装后，"高能激光与一体化光学致盲与监视系统"将主要用于反无人机作战，同时可能通过破坏导引头的方式对抗巡航导弹。该系统可与美军"宙斯盾"作战系统集成，并能通过增加光纤激光器模块来进行升级扩展，将为航空母舰、两栖攻击舰和驱逐舰提供新的舰艇自防护手段。

（二）美国陆军完成"机动近程防空"系统50千瓦激光武器测试

2021年8月，美国陆军在俄克拉荷马州锡尔堡完成了"机动近程防空"系统50千瓦级激光武器测试。测试中，基于模拟一系列可能面临的作战场景，检验了应对无人机和火箭弹、火炮、迫击炮等的能力。"机动近程防

空"是美国陆军为弥补其末端防空能力短板而开发的车载防御系统，具备野战伴随防空和行进中作战的能力，可搭载防空火炮、激光和高功率微波等多种武器，旨在保护作战部队免受无人机、旋翼和固定翼飞机的攻击。按计划，美国陆军将在2022财年在欧洲部署1个搭载50千瓦激光武器的"机动近程防空"排（4辆原型车），进一步验证该系统在复杂环境下的作战能力。

（三）美国空军机载激光武器的60千瓦作战光源已通过验收

2021年10月，洛克希德·马丁公司宣布AC–130J"机载高能激光"系统的60千瓦作战光源已完成研制，并通过出厂前的验收测试。该作战光源下一步将移交给空军，与光束控制系统集成组成完整的"机载高能激光"系统开展地面测试。地面测试完成后，该系统将安装到AC–130J火力支援飞机上，计划于2022财年开展机载飞行测试。AC–130J采用了开放式架构的火力支援系统，可快速将激光器集成到飞机的指挥和控制系统中。"机载高能激光"系统具有全新的软、硬杀伤能力，可执行干扰光学设备、毁伤无人机、拦截空空导弹等任务，将为美军空中平台提供新的防护手段。

（四）以色列完成无人机载激光武器拦截测试

2021年6月，以色列进行赛斯纳208B"大篷车"飞机搭载激光系统的系列试验，在以色列中部海域上空成功实现从不同距离和飞行高度拦截无人机，完成机载高能激光武器系统研制的第一阶段工作。此次试验使以色列成为世界首个成功将激光武器系统集成到飞机上，并在实际作战场景中完成目标拦截的国家。以色列机载高能激光武器拦截无人机试验成功，说明其在激光器高效小型化、高质量光束、高精度跟踪、瞄准、机体和气流振动、热管理、平台适应性及系统集成等方面均已得到有效突破。以色列国防部希望机载高功率激光武器系统可以有效提升防空系统应对现有和未来敌对目标威胁的能力,还表示其有望补充到以色列多层导弹防御系统中,推动以色列防空反导能力发生战略性变革。

四、技术探索和应用创新为定向能武器能力跃升的突破口

(一) 美国陆军启动超短脉冲激光武器技术探索

2021 年 2 月,美国陆军发布"陆军平台超短脉冲战术激光武器"研制需求,希望研发一款新型激光武器,要求其威力比现有激光武器大近三个量级,但打击时间(等待光束产生破坏力的时间)要远远短于现有武器。该系统将基于超短脉冲技术开发,可在极短时间内气化目标,并产生强大的电磁信号来干扰敌人的电子设备,具备远距离摧毁敌无人机、迫击炮和导弹等的能力。据悉,该激光武器已在实验室得到验证。可以预期,这种超能力的新型激光武器一旦研发成功,将极大地提升美军的防空反导能力,或将改变现有作战样式。

(二) DARPA 寻求更强实战能力的高功率微波电子战武器

2021 年 2 月,DARPA 微系统技术办公室发布"敏捷波形射频定向能"电子战项目公告,计划在 4 年内投资超过 5000 万美元,开发可对敌内部电子元件和子系统产生破坏性影响的高功率微波武器技术。该项目包括高功率微波行波放大器、电磁响应的快速评估和数值生成、敏捷波形开发三个技术领域,力图解决三大挑战:一是稳定、高功率、宽带放大;二是预测电磁耦合到复杂元器件外壳的理论和计算工具;三是确定并利用电子系统漏洞的预测工具和敏捷波形技术。本项目中,DARPA 更加注重高功率微波武器技术的基础问题,对作用机理和过程进行建模与仿真,拟设计出最优的波形,降低功率需求、提高多目标适应性,以解决作用距离不够、效果不

稳定的问题，将显著提升高功率微波武器的战场适应能力和实战化能力。

（三）美国太空军公开承认正开发天基定向能武器

2021年6月，在美国众议院军事力量委员会举行的听证会上，美国太空军司令雷蒙德承认美国太空军正开发可用于太空作战的定向能武器，但出于保密原因，雷蒙德没有透露更多的信息。此前，外界认为美国太空军正在研发定向能武器系统或者其他常规武器系统，用于保护美军的卫星或者摧毁敌方太空资产，但美军从未承认相关信息。本次听证会质询是美国太空军首次公开承认其正在研发用于太空作战的定向能武器系统。美国导弹防御局此前计划重启天基粒子束武器研发，但相关提案遭美国国会审查后否决，而新披露的太空定向能武器已进入研发阶段，但未在公开预算中公布，其研究进度难以预测，可能构成技术突袭风险。

（北京航天情报与信息研究所　胡彦文）

ZHONGYAO
ZHUANTI FENXI

重要专题分析

美国加快推动分层高超声速防御体系建设

随着中俄等大国竞争对手高超声速打击能力的不断成熟，美军将应对高超声速武器视为其未来导弹防御的重点建设目标之一，正在构建"滑翔段+末段"的分层高超声速防御体系。2021年6月，美国导弹防御局公布了最新高超声速防御作战构想。导弹防御局用模拟形式展现了未来高超声速防御作战场景，演示了对手利用多枚高超声速导弹打击美军海上高价值目标时，美军如何通过高超声速防御体系实现可靠拦截。近年来，美军通过多种手段积极推进高超声速防御体系规划、作战样式及武器技术发展，其发展动向值得保持高度关注。

一、美国高超声速防御技术发展现状

美国提出高超声速防御"三步走"发展路线图，正通过研发天基传感器、改进和新研反高超声速拦截弹、升级改进指挥控制系统等推进高超声速防御装备体系建设。

（一）谋划"三步走"发展蓝图，发展分层、多次、协同高超防御技术

高超声速防御概念依赖于对高超声速武器探测、跟踪能力和指挥控制系统的发展。美国基于其主要面临的威胁和技术成熟度，确定海基优先原则，聚焦发展应对区域滑翔高超声速武器的能力。

美国导弹防御局局长乔恩·希尔在2020年度太空和导弹防御年会上，披露了美国高超声速防御"三步走"路线图，强调发展分层、多次、协同高超防御技术。首先，基于"标准"－6导弹改进发展海基末段拦截能力，在高超声速威胁目标的飞行末段进行拦截；其次，研发"滑翔段拦截弹"，形成对高超声速威胁目标的滑翔段和末段分层拦截能力；最终，发展陆基高超声速防御技术，构建海基与陆基协同的高超防御体系，形成"滑翔段＋末段"的分层、多次、协同反高超能力，支持拦截作战评估后的再次拦截。

（二）聚焦天基赋能，发展跨域协同的高超预警探测跟踪技术

美国以现有地基、空基、天基预警探测能力为基础，通过研发天基红外感知技术，发展对高超声速威胁的预警探测与跟踪能力。美国计划构建的天基预警探测能力主要由两部分组成：一是发展用于高超声速预警的低轨"过顶持续红外"宽视场传感器，采用超大面阵多波段红外焦平面探测器，对高超声速导弹具有良好的预警能力，按计划首颗低轨"过顶持续红外"宽视场传感器将于2025年发射；二是导弹防御局研发的、用于连续跟踪的"高超声速和弹道跟踪太空传感器"中视场传感器，这是一种由约200颗传感器小卫星组成的大规模低轨卫星星座，用于对高超声速目标进行连续稳定跟踪，目前正开展安全大带宽射频和光学星间通信链路等关键技术研究，首星将于2023年发射。这两种卫星的研发都大量采用了数字孪生、人工智能和机器学习技术，显著提升了卫星的生产、集成和测试速度。

（三）坚持研改并举，发展"滑翔段＋末段"拦截技术

自2018财年开始，导弹防御局将"高超声速防御"列入预算，陆续启动"滑翔破坏者""高超声速防御武器系统""高超声速防御区域滑翔段武器系统"等项目,探索高超声速区域防御武器的相关概念、关键技术和系统原型。海基末段拦截方面,美国将开发具备末段反高超能力的"标准"-6 IB 导弹,该导弹继续沿用"标准"-6 IA 导弹导引头和战斗部,换装"标准"-3 IIA 导弹发动机,以提升导弹射程和机动性,拓展拦截边界。美国计划为"标准"-6 IB 导弹投入 3.8 亿美元,将在 2023 财年试验该导弹拦截高超声速目标的能力。海基滑翔段拦截方面,2021 年 4 月,美国启动"滑翔段拦截弹"项目,寻求发展可在滑翔段拦截高超声速目标的新型拦截弹,导弹防御局要求该弹采用动能毁伤方式,并具备可持续升级的改进潜力。上述两种导弹都可由"宙斯盾"MK41 垂直发射系统发射,预计将首先在"宙斯盾"舰及"陆基宙斯盾"系统部署。陆基拦截方面,洛克希德·马丁公司计划以"萨德"拦截弹、"爱国者"-3 MSE 导弹为基础,分别发展陆基高超声速滑翔段和末段拦截能力,但相关方案目前并未列入美军预算,后续发展情况仍需观察。雷声公司还提出"非动力学高超声速防御概念",旨在探索利用高功率微波技术的高超防御方案。

二、美军高超声速防御作战样式分析

美军发布的高超防御作战构想中,假定对手计划利用多枚高超声速导弹打击其航空母舰编队,而美军利用广域分布的"宙斯盾"反导舰,在天基和海基态势感知体系支援下,通过多种方式实现对来袭高超声速导弹的拦截。该体系的关键装备包括:高超声速与弹道跟踪太空传感器、弹道导弹防御系统过顶持续红外架构、"宙斯盾"驱逐舰、滑翔段拦截弹以及"标准"-6 导弹。美军在现有反导作战样式的基础上,通过对部分重点能力的研发和改进,形成了滑翔段和末段拦截相结合的高超声速作战样式。

(一）总体思路

在美军高超声速防御"三步走"发展战略中，明确提出了优先发展海基反高超能力、强调天基态势感知体系重要性、重视广域作战节点间信息融合和作战协同的发展思路，新的高超声速目标防御作战构想就是对这一思想的贯彻和落实。在模拟场景中，对手接连发射 4 枚高超声速滑翔武器，"高超声速与弹道跟踪太空传感器"实现预警探测，全程对来袭威胁进行跟踪，并将数据持续传输给"弹道导弹防御系统过顶持续红外架构"；"弹道导弹防御系统过顶持续红外架构"使用"高超声速与弹道跟踪太空传感器"的实时数据来创建高超声速滑翔武器的飞行轨迹；"宙斯盾"驱逐舰依托太空卫星通信中继，从"弹道导弹防御系统过顶持续红外架构"和"指挥控制作战管理与通信系统"接收"高超声速与弹道跟踪太空传感器"跟踪到的高超声速滑翔武器的轨迹数据，进行作战规划和实施拦截作战。

(二）典型拦截样式

导弹防御局新发布的高超声速防御作战构想，体现出天基预警探测、广域敏捷协同、分层多次拦截的特点。美军在场景中设置了航空母舰（被打击目标）和"宙斯盾"舰（一艘前出，一艘部署于航空母舰附近，可发射"滑翔段拦截弹"和"标准"–6 导弹），在高超声速与弹道跟踪太空传感器和过顶持续红外架构支持下，描述了 4 种高超声速防御拦截样式。

1. 滑翔段拦截 – 远程交战样式

"宙斯盾"系统凭借"高超声速与弹道跟踪太空传感器"探测到的高超声速滑翔武器发射后的火控级精度数据，发射滑翔段拦截弹，并且"宙斯盾"系统充当通信中继，实时将"高超声速与弹道跟踪太空传感器"的跟踪数据传输至滑翔段拦截弹上，在滑翔段对第 1 枚高超声速滑翔武器实施拦截，实现远程交战。交战点位于"宙斯盾"雷达探测范围之外，全部依靠

"高超声速与弹道跟踪太空传感器"探测数据进行规划、发射、交战。

2. 滑翔段拦截 – 远程发射模式

在负责发射的"宙斯盾"舰载雷达探测到威胁目标前,负责发射的"宙斯盾"舰具有两种跟踪数据的选择:①"宙斯盾"舰与"高超声速与弹道跟踪太空传感器"持续通信,根据"高超声速与弹道跟踪太空传感器"的跟踪数据发射滑翔段拦截弹,并持续将"高超声速与弹道跟踪太空传感器"探测到的数据传至滑翔段拦截弹上,直至威胁目标进入舰载雷达探测范围;②"宙斯盾"舰与负责发射的"宙斯盾"舰持续通信,"宙斯盾"舰利用舰载雷达对来袭高超声速滑翔武器进行跟踪探测,并将数据传回后方,负责发射的"宙斯盾"舰通过远程模式向滑翔段拦截弹传输实时数据,直到自身雷达探测到威胁目标。最后,利用"宙斯盾"舰载雷达引导滑翔段拦截弹,滑翔段对第 2 枚高超声速滑翔武器实施拦截。

3. 滑翔段拦截 – 协同交战模式

第 3 枚来袭高超声速滑翔武器,避开"宙斯盾"舰载雷达主要探测区域,试图突破"宙斯盾"舰防御体系,"高超声速与弹道跟踪太空传感器"全程对高超声速滑翔武器进行跟踪,并警示"宙斯盾"舰。威胁目标处于滑翔段时进入了雷达探测范围,"宙斯盾"舰载雷达第一时间捕获威胁目标,然后遂行作战规划、发射滑翔段拦截弹、引导滑翔段拦截弹在滑翔段实施拦截。

4. 末段拦截 – 协同交战模式

第 4 枚来袭高超声速滑翔武器,进行大范围机动,避开"宙斯盾"舰载雷达主要探测区域,迫近高价值资产,"高超声速与弹道跟踪太空传感器"全程对高超声速滑翔武器进行跟踪,并警示"宙斯盾"舰,威胁目标处于飞行末段时进入了雷达探测范围,"宙斯盾"舰载雷达第一时间捕获威胁目标，遂行作战规划、发射滑翔段拦截弹、引导"标准"－6导弹在末段实施拦截。

三、几点认识

（一）依托低轨红外探测技术，突破高超声速滑翔武器探测跟踪难题

高超声速武器作战空域属临近空间，目标与环境特性复杂，等离子鞘套现象造成目标雷达截面值的变化和起伏较大，目标自身红外特性也极为复杂，存在红外吸收峰现象，实现对高超声速目标的稳定探测跟踪是高超防御首先要面临的难题。低轨卫星星座"高超声速与弹道跟踪太空传感器"将是美军高超声速防御体系的核心，美军正致力于降低其红外焦平面阵列探测单元的尺寸、重量、功耗和成本，简化其维护与集成成本；发展下一代读出集成电路和支持机器视觉应用的自适应非均匀校正算法，攻克红外焦平面阵列中的偏压漂移问题；依托现有太空数据链的研究进展，实现信息数据的低时延、高可靠、敏捷快速的数据融合能力。此外，美国将依托其先进的商业航天技术支持"高超声速与弹道跟踪太空传感器"发展，降低相关系统的研发风险和成本。

（二）通过对"标准"－6导弹的动力系统升级，实现末段高超声速拦截能力

高超声速武器大部分飞行段在现有防御系统的主要防区外，加之长时间大机动能力增加了拦截难度，导致现有防空反导拦截武器基本不具备拦截高超声速武器能力。美国导弹防御局正基于研改并举的发展思路，研发"滑翔段拦截弹"和改进"标准"－6导弹，寻求快速形成对高超声速滑翔目标的分层拦截能力。美军对"标准"－6导弹的改进方案比较明确，目前

原有的"标准"-6导弹及改进后的"标准"-6（"标准"-6 IB）导弹继续沿用原有导引头和战斗部，但将原有343毫米MK104发动机升级为"标准"-3 IIA导弹上采用的533毫米发动机，预计射程将增加到560~800千米。这说明美军认为在末段高超防御作战中，拦截弹的机动性能和射程不足是面临的主要问题，而其战斗部和导引头都足以满足拦截高超声速目标的需求。这与高超声速导弹在末段较为确定弹道特性及已经降速的气动特征是相吻合的。在滑翔段拦截方面，预计仍将在现有反导导弹的技术基础上进行升级改进，但滑翔段拦截面临目标捕获、拦截毁伤、信息传输等多个问题，美方尚未明确提出其拦截思路和技术路线，预计突破滑翔段拦截技术尚需一定时间。

（三）广域协同能力将是提升高超声速防御体系效率的关键要素

高超声速防御作战时间窗口极短，美军规划的高超声速防御体系架构的一个典型特征就是各作战单元广域分散部署，需要在海、陆、空、天各域的实时协同。因此，解决高超声速防御架构内各要素的广域协同是充分发挥各单元能力的关键。美军高超声速防御架构基于现有反导系统的"指挥控制作战管理与通信系统"体系，将集成所有传感器的监视、预警、探测、跟踪、目指数据，并使传感器与射手保持实时通信，实现全域联合的高超声速防御作战。为此，美军基于现有指挥控制、作战管理与通信系统进行改进，使其具备对高超声速威胁的指控、管理与通信能力，包括进行螺旋8.2-5版本的关键设计评审，完成对高超声速防御能力的集成；设计、研发、集成威胁数据跟踪算法；开发基于Link16数据链的高超声速威胁航迹数据转发能力等。相关技术的发展将为美军高超声速防御能力构建提供重要支撑。

（北京航天情报与信息研究所　胡彦文　罗冲凌）

美军提升巡航导弹防御作战能力思路分析

美军认为，巡航导弹的持续扩散以及能力提升已对其现有防空系统造成严峻挑战，特别是中俄大量装备亚声速与超声速巡航导弹已成为"反介入/区域拒止"的主要打击手段，尤应特别关注。为应对巡航导弹能力持续提升，在对抗中保持绝对优势，美军高度重视全面提升巡航导弹防御能力，正在推进开发本土巡航导弹防御架构。其提升巡航导弹防御系统作战能力的主要思路包括综合利用多平台多传感器协同探测、运用多层防御体系拦截巡航导弹、强化防御系统协同作战能力、强调低成本武器的作战应用与积极探索先进防御技术等。

一、基本情况

美军现已基本具备防御亚声速巡航导弹的能力，但仍存在探测跟踪能力不足、抗饱和攻击难与拦截效费比低等问题，未来随着超声速巡航导弹、隐身性能更强的先进巡航导弹，甚至是高超声速巡航导弹陆续部署，将会给美军防御系统造成更大的压力。面对日益严峻的巡航导弹威胁，美国国防部强调提升巡航导弹防御能力。2019年版《导弹防御评估》报告明确扩充导弹防御任务领域,首次将巡航导弹防御和高超声速导弹防御作为导弹防御三大防御目标之一,强调加强保卫本土安全。《陆军防空反导2028》提出将优先发展可用于巡航导弹防御的新型防空导弹系统,加强对巡航导弹威胁的分层防御能力。目前,美军正从以下几方面推动巡航导弹防御能力提升。

(一) 推进开发本土巡航导弹防御架构

美国导弹防御局目前正在开发本土巡航导弹防御(CMD-H)架构,之后将整合到导弹防御系统中。导弹防御局正在与北方司令部一起评估传感器、联合全域指挥与控制系统及拦截武器,以进一步开发本土巡航导弹防御体系结构。

(二) 强调提升拦截能力

美军正在研制可用于巡航导弹防御的"间接火力防护能力"(IFPC)、低成本增程拦截弹与超高速射弹等系统;空军和海军正在研制 AIM-260 空空导弹,射程将超过 AIM-120"先进中程空空导弹",可增加对巡航导弹的防御范围;陆军发展的"一体化防空反导作战指挥系统"(IBCS)于2021年进入初始低速生产阶段,已利用其成功进行数次多系统协同拦截巡航导弹试验;陆、海、空军都正在研发可用于巡航导弹防御的定向能技术。

(三) 重视提升探测巡航导弹的传感器性能

在地基传感器方面,陆军"哨兵"A4雷达和"低层防空反导传感器"均取得里程碑式进展。在空基传感器方面,空军研究将更先进的传感器集成到作战飞机中,实现尽早探测,支持超视距拦截。在天基传感器方面,太空发展局与导弹防御局均在开展低轨卫星项目,用于跟踪探测高超声速导弹与远程巡航导弹等。此外,美军推进发展多平台多传感器组网,并在持续改进传感器搜集和处理信息的方法以及推进提升传感器信息融合。

(四) 储备防御高超声速巡航导弹的技术

美军高度重视发展高超声速武器防御技术，在预警探测和拦截武器领域安排多个项目，将逐步具备对高超声速助推滑翔导弹以及高超声速巡航导弹的防御能力。同时，美军还在发展用于高超声速防御的传感器、通信、指挥控制和建模与仿真技术等。

二、主要思路

(一) 综合利用多平台多传感器协同探测

巡航导弹飞行高度低且雷达散射截面积小，可有效规避地面雷达的探测，为此美军重视综合利用多平台多传感器发现与跟踪巡航导弹，实现对当前和未来的新型巡航导弹威胁有效预警探测，提升作战效能。在拦截巡航导弹目标时，综合利用"爱国者"雷达、"哨兵"雷达与F-35战机等共同提供目标信息，如在试验中，安置在山岭另一侧更为机动的"哨兵"雷达利用部署地形优势优先发现了低飞的巡航导弹目标，避免了部署在山岭另一侧的"爱国者"雷达由于地形障碍无法探测到低飞巡航导弹目标的问题。可以预见，随着超声速或隐身性能更强的巡航导弹快速发展，未来巡航导弹防御作战中，全域传感器信息融合的作用将日益凸显，多平台多传感器协同探测将成为巡航导弹防御作战运用的重要手段。

(二) 运用多层防御体系拦截巡航导弹

美军强化发展对巡航导弹的多层拦截能力，正通过优化远、中、近程拦截武器系统配置，实现不同性能与成本的拦截武器的合理搭配，实现高效作战。美国陆军布局发展了多个拦截武器项目，涉及近程防御系统、低成本拦截系统、定向能武器等，可增加拦截火力密度，提升效费比，通过发展"一体化防空反导作战指挥系统",增强对巡航导弹的综合作战效能;正在研制的"间接火力防护能力"项目将与"爱国者"-3系统共同形成对巡航导弹的多层拦截能力。美国海军通过发展升级版改进型"海麻雀"导弹、超高速射弹、"全方位防御-快速拦截炮射交战系统"与定向能武器等,寻求对巡航导弹高效费比、多层拦截能力。

(三)强化防御系统协同作战能力

美国导弹防御局正在开发本土巡航导弹防御架构,并计划整合到现有导弹防御系统中,形成一体化协同作战能力。陆军"一体化防空反导作战指挥系统"及海军一体化火控-防空系统,将使"任意传感器,最佳发射器"成为可能,可实现多平台传感器利用,对巡航导弹的综合防御能力增强,抗饱和攻击能力也将得到提升。从美军巡航导弹防御发展看,预计未来巡航导弹防御将从体系对抗角度出发,统一指挥各兵种防空力量,集成一体化战场监视,充分发挥各层次力量,与敌方进行体系之间的整体对抗。2021年,美国进行了陆军"一体化防空反导作战指挥系统"最终研发试验,实现了陆军、海军和空军多个军种传感器集成,为拦截提供了更强的信息支持能力。

(四)寻求更经济有效的低成本武器投入作战应用

实际作战中,巡航导弹往往会大规模使用,而面对大规模巡航导弹袭击,仅仅依赖于价格昂贵的防空导弹系统显然并不现实。因此,美军在寻求发展低成本中近程防空导弹系统和炮射系统等装备,降低作战成本,提升应对巡航导弹大规模齐射的效费比。美国空军探索利用低成本火箭弹执行巡航导弹防御任务,部分替代AIM-120"先进中程空空导弹"等昂贵武器。美军在研的低成本增程拦截弹目标成本为每枚拦截弹40万美元,约为"拉姆"导弹成本的一半,由于导弹的尺寸减小,每个发射器可以发射更多的导弹，火力密度进而提升。此外，2020年9月的演习中，美军利用一枚超高速射弹，成功击落了亚声速巡航导弹靶弹，该装备部署后将使美巡航导弹防御手段更加多元化。

（五）积极探索先进防御技术

美军重点发展可用于巡航导弹防御的定向能武器。美国陆军正在"间接火力防护高能激光"（IFPC-HEL）项目下推进研制300千瓦级的高能激光武器原型样机。美国海军实施了从研发和部署低功率激光器到能够摧毁反舰和高速巡航导弹高能激光武器的发展路径，未来部署的300~600千瓦级高能激光武器将具有摧毁巡航导弹的能力。美国空军战略发展规划与实验办公室正在研究定向能武器系统原型机，计划于年底准备进行反巡航导弹能力演示。导弹防御局正在研究微波技术试验台，以期使用定向能技术来拦截高超声速滑翔飞行器和巡航导弹。

三、结束语

面对日益严峻的巡航导弹威胁，巡航导弹防御已成为美国实战能力建设的重点任务之一。美国导弹防御局正在开发本土巡航导弹防御（CMD-H）架构，之后将整合到导弹防御系统中。未来美国巡航导弹防御总体发展趋势主要为：将更多地依赖中近程防空导弹系统和超高速射弹等较低成本的装备；将综合利用多平台传感器信息，提升对巡航导弹的探测能力；激光与微波技术将广泛应用于巡航导弹防御；多军种一体体化联合作战防御巡航导弹将成为发展方向；将逐步具备高超声速巡航导弹防御能力等。

（北京航天情报与信息研究所　陈兢）

外军空袭与防空作战中电磁对抗装备体系发展研究

电磁对抗装备在作战中能够起到破坏或降低敌方装备性能、干扰或欺骗敌方装备运行等作用。在空袭与防空作战中，电磁对抗装备可从进攻、防御两方面左右对抗双方的战场态势。目前，以美国和俄罗斯为代表的军事强国已构建起攻防兼备的空袭与防空作战电磁对抗装备体系，多种电磁对抗装备发展迅速并在实战中起到重要作用。新技术的发展不断推动电磁对抗装备的进步。

一、基本情况

（一）美俄已具有完备的空袭电磁干扰和压制能力

在近年来的局部战争中，空袭作战是军事强国的首选作战样式。空袭过程中电子战飞机通常作为先驱，通过多种机载电磁干扰装备对敌防空体系实施诱骗、干扰和压制。战机利用自防御告警系统警示敌方攻击，并通过空射诱饵或拖曳式诱饵提升自身战场生存能力。

空袭作战中的电磁对抗装备体系主要包括电子战飞机、机载电磁干扰设备、自防御告警系统、自防御诱饵等。美俄已形成空袭电磁对抗装备体系（表1、表2），美国相关装备种类齐全且性能领先。

表1 美国典型空袭电磁对抗装备

装备类别	典型装备	搭载平台
电子战飞机	EA-18G"咆哮者"	
	EC-130H"罗盘呼叫"	
机载电磁干扰设备	AN/ALQ-249下一代干扰机系统	EA-18G
	"罗盘呼叫"通信电子战系统	EC-130H"罗盘呼叫"电子战飞机
	ASQ-239电子战系统	F-35
	AN/ALR-94多波段防御电子对抗系统	F-22
	AN/ALQ-227通信对抗设备	EA-18G
	AN/ALQ-99F（V）战术干扰系统	EA-18G
	AN/ALQ-131电子干扰吊舱	F-16、F-15等
	AN/ALQ-161A机载自卫电子干扰系统	B-1战略轰炸机
	AN/ALQ-165机载自卫干扰机	F/A-18C/D/E/F、F-16、F-14D等
	AN/ALQ-184（V）系列吊舱式干扰系统	F-15、F-16等
	AN/ALQ-214（V）一体化防御电子对抗系统	F/A-18E/F、B-1B、F-15、F-16、U-2
自防御告警系统	AN/AAR-56红外导弹发射探测器	F-22
	AN/ALR-94系统	F-35
	AN/ALR-56C系统	F-15
	无源有源告警与生存系统（EPAWSS）	F-15
	机载自我保护吊舱（SPP）	MQ-9"死神"无人机
	AN/ALQ-240（V）	P-8A"海神"巡逻机
	AN/APR-50威胁告警系统	B-2战略轰炸机

续表

装备类别	典型装备	搭载平台
自防御诱饵	ADM-160系列小型空射诱饵（MALD/MALD-J）	B-1、B-52、F-15、F-16、F/A-18、F-22、F-35等
	拖曳式双波段诱饵	
	AN/ALE-50（V）拖曳式诱饵	F-16、B-1B等
	AN/ALE-55光纤拖曳式诱饵	F/A-18E/F、F-15E等
蜂群无人机电子战系统	X-61A"小精灵"	C-130

表2 俄罗斯典型空袭电磁对抗装备

装备类别	典型装备	搭载平台
电子战飞机	"伐木人"-2	
机载电磁干扰设备	"希比内"	苏-34、苏-30、苏-35
	"杠杆"-AV	米-8MTPR-1直升机
	"喜马拉雅"机载防御系统	苏-57、图-160M2
	L-005S	苏-27、苏-30、苏-34和苏-35
	SPS-170	苏-34、苏-35
自防御告警系统	SPO-15系统	米格-29、苏-27
	SPO-2"警笛"-2	图-95、图-95K
自防御诱饵	ABRL有源拖曳式雷达诱饵	米格-29

美军一直重视空袭电磁对抗装备在战争中的应用，早在阿富汗战争期间，已明确规定"如果没有EA-6B电子战飞机，轰炸任务取消"。近年来通过装备研制和升级、集成新技术等方式不断提升空袭电磁对抗装备的作战能力。美国海军现役EA-18G"咆哮者"电子战飞机2021年3月开始第一次升级，未来将搭载研制中的下一代干扰机，进一步提升电子攻击能力，干扰敌防空系统和通信系统效能。在机载诱饵方面，雷声公司为F/A-18E/F战斗机研制的新型拖曳式双波段诱饵预计2025年形成战斗力。美国

陆军和 DARPA 等部门研发中的"小精灵"等空射型无人机蜂群也能够通过电子战扰乱敌方雷达和通信。美军还通过升级电子战系统，不断提升 F-35、MQ-9"死神"等现有战斗机和无人机的电磁对抗能力。美军的舒特计划以及下一代干扰机还具备网络化电磁对抗能力，"小精灵"蜂群式无人机也体现了电磁对抗装备网络化的发展趋势。

俄罗斯在研的最新型电子战飞机"伐木人"-2 能够在作战中有效干扰敌方空中预警机、地面防空雷达和有人/无人机，全频段压制干扰卫星导航系统和通信系统，是未来防空压制作战的重要机型。"希比内"机载电磁对抗装备采用数字射频技术、自适应技术，能够有效对抗敌方雷达系统、防空导弹和预警机。

（二）美俄防空电磁对抗装备能力可有效应对空袭威胁

防空作战通常以地/舰空导弹拦截来袭的空中目标，并配合对空干扰系统、导弹诱饵系统对来袭武器进行干扰、诱骗，通过电子防护系统、导弹告警与干扰系统削弱或干扰敌方的雷达和通信设施，提升自身战场生存能力。随着低成本蜂群式无人机的发展，电磁对抗装备已应用于蜂群无人机攻防作战中。防空作战中的电磁对抗装备体系主要包括对空干扰系统、电子防护系统、导弹告警与干扰系统、导弹诱饵系统和反无人机电磁对抗装备等。美俄典型防空电磁对抗装备见表 3 和表 4。

表 3　美国典型防空电磁对抗装备

装备类别	典型装备	主要功能
对空干扰系统	"狼群"电子战系统	对地防空压制
电子防护系统	"游击手"电子防护系统	触发近炸引信
	AN/VLQ-6 装甲红外保护系统	保护战车免遭地面和空射反坦克导弹打击

续表

装备类别	典型装备	主要功能
导弹告警与干扰系统	AN/SLQ-32（V）型系列舰载电子战系统	舰载雷达威胁检测、分析及干扰设备
导弹诱饵系统	AN/SSQ-95有源电子诱饵	欺骗信号诱骗雷达制导的反舰导弹，保护舰船免受攻击
反无人机电磁对抗装备	"相位器"系统	烧毁目标内部电子元件，击落无人机及集群

表4 俄罗斯典型防空电磁对抗装备

装备类别	典型装备	主要功能
对空干扰系统	"摩尔曼斯克"-BN	探测、削弱、压制飞机、舰艇的远程短波通信
	SPN系列雷达干扰机	干扰机载雷达
	"汽车场"1L222电子对抗系统	压制30米~3万米之间的机载雷达
	"克拉苏哈"系列雷达干扰机	压制侦察卫星、机载雷达和雷达制导装置
	"波列"-21电子战系统	对抗基于卫星导航的高精度打击武器
	TK-25/TK-25E-5系列舰载电子战装备/干扰机	对抗舰载、机载和导弹雷达
电子防护系统	"窗帘"-1软杀伤主动防护系统	保护主战坦克对抗反坦克武器和激光辐射
导弹诱饵系统	KRTZ-125-2M射频诱饵	保护SA-3防空系统不受反辐射导弹攻击
	"盖斯奇克"反辐射导弹对抗系统	告警并发射射频诱饵信号、发射箔条和烟幕弹
反无人机电磁对抗装备	"驱虫剂"系统	针对微/小型无人机的移动式无人机干扰机

在防空电磁对抗装备领域，俄罗斯对空干扰系统型号众多，性能优异。俄军"克拉苏哈"–4 在实战中能够干扰战斗机、无人机和导弹的探测与制导，还能干扰低轨卫星和地面雷达，已多次在实战中成功击落敌方无人机。"撒马尔罕"电子战系统能够干扰对手的通信系统和 GPS 信号，"波列"–21 系统可对抗高精度打击武器。

美军近年来也不断加强防空电磁对抗装备建设。美国太空军在 2020 年后配备卫星通信干扰系统的升级版 CCS Block 10.2，能够干扰敌方通信卫星信号。美国海军 AN/SLQ–32（V）导弹告警与干扰系统随着海军水面电子战改进计划的发展而不断升级，不仅能够对来袭导弹威胁报警，还能对其实施有源干扰。AN/SLQ–32（V）6 系统已在多艘 DDG–51 导弹驱逐舰上使用，AN/SLQ–32（V）7 系统将在 2021 年部署。

（三）多种空袭与防空电磁对抗装备在实战对抗中发挥重要作用

现代战争中电磁对抗往往是对抗开端，也是一种低烈度对抗手段。在近年来发生的局部战争中，多种空袭与防空电磁对抗装备在实战对抗中发挥了重要作用。

2018 年 4 月，美军通过电磁欺骗手段，迫使叙利亚防空部队暴露了防空系统部署情况、作战方式、性能参数等敏感信息。2018 年和 2021 年，俄罗斯"季拉达"–2 系统先后在乌克兰东部测试中干扰了美军 RQ–4B"全球鹰"无人机。

近年来在无人机攻防作战中，电磁对抗装备发挥作用尤为突出。2019 年 7 月，美军"拳师"号两栖攻击舰采用轻型海上防空一体化系统（LMA-DIS），通过射频干扰技术成功击落 1 架 1 千米范围内的伊朗固定翼无人侦察机。

俄军在乌克兰、叙利亚和纳卡战场多次采用电磁对抗手段击落来袭无人机。在乌克兰战场，2015—2017 年俄军通过对 GPS 信号欺骗造成乌克兰损失约 100 架无人机。2021 年 4 月，乌克兰又有多架无人机因为俄军干扰 GPS 信号而坠毁。在叙利亚战场，2018 年 1 月，俄军用电磁对抗装备击落了"伊斯兰国"发射的 13 架无人机中的 6 架。2020 年初，俄罗斯在叙利亚使用"克拉苏哈"-4 系统，成功抵御了袭击赫梅米姆空军基地的无人机群。在 2020 年 10 月纳卡冲突期间，驻亚美尼亚久姆里军事基地的俄军再次使用"克拉苏哈"-4 电子战系统，在 48 小时内通过禁用无人机控制系统的方式，击落了 9 架土耳其的"贝拉克塔"TB-2 无人机。

二、特点分析

近年来新型技术进步推动了空袭与防空电磁装备体系不断发展。美军从系统化、认知化、网络化、软件化等多个方面开展研究，力图保持电磁频谱领域作战优势。俄罗斯则通过优先发展小型干扰模块、欺骗电子信号等技术推动防空电磁对抗装备研制。目前发展迅速的技术主要有电磁环境感知技术、认知电子战技术、电磁对抗网络化技术等。

（一）电磁环境感知技术进步筑牢电磁对抗装备发展基础

电磁环境感知是电磁对抗的基础，其应用包括军用频谱监测、电子对抗侦察、民用无线电监测等。DARPA 的狼群项目可监听敌军雷达信息和通信内容，分析敌军作战行动，甚至干扰敌方雷达和通信设备。2020 年 4 月，DARPA 公布与陆军航空兵合作的空域快速战术执行全面感知（ASTARTE）项目，更为安全地执行远程火力任务，并开展有人驾驶飞机和无人机作战。该项目可探测并绘制对手位置，提高美军在 A2/AD 环境下的态势感知能力。该项目对实施 DARPA 马赛克战概念至关重要，可在提供火力和其他效应的空中、地面和海上节点组成的复杂网络之间实现无缝协同作战。

（二）认知电子战技术推动电子战飞机技术升级

认知电子战是以具有一定认知性能的电子战装备为基础，注重自主交互式的电磁环境学习能力与动态智能化的对抗任务处理能力的电子战形态。近年来 DARPA 推动人工智能在电子战系统的应用，开展了自适应雷达对抗（ARC）、自适应电子战行为学习（BLADE）等多项认知电子战技术研究，美国海军已将项目开发的算法应用到 EA-18G 电子战飞机上。海军研究办公室的反应式电子攻击措施（REAM）项目通过机器学习和自动应用电子攻击技术，对 EA-18G 干扰机系统进行一系列改进，使其可同时干扰多部捷变雷达。

（三）小型干扰模块、欺骗电子信号等技术推动防空电磁对抗装备发展

俄罗斯通过优先发展小型干扰模块、欺骗电子信号等技术推动防空电磁对抗装备研制。俄罗斯优先发展小型干扰模块以实现干扰效果可控，发展能够利用强大电磁辐射进行破坏的系统，以及通过影响信息可访问性、完整性和保密性来对抗敌方指控系统的能力，发展欺骗敌方电子信号、军队、武器和指控系统的技术，发展基于新型物理原理的低反探测概率目标定位系统，并尽力实现电子战部队和其他部队的统一指控。俄军近年还逐步下放电子战能力，战术级电子战装备已下放至旅—级电子战连。

（四）电磁对抗将与网络战逐步融合

美国已开始研究电磁对抗系统网络作战应用能力，美军还注重电磁对抗装备软件可重构、开放式、多功能、模块化，DARPA 协奏曲（CONCERTO）项目、陆军的模块化开放式射频体系结构（MORA）等展现了这一特点。

美军拟通过射频使能网络能力项目，探索创新型方法入侵对方网络。

通过雷达系统/电子战系统向作战系统反馈信号的平台,找到射频入侵切入点,实施创新性网络攻击。美国网络司令部也在研究相关电子战工具,探索射频使能网络能力。2021 年 4 月,美国海军在准备接收下一代干扰机时模糊传统电子战和网络作战之间的界限。下一代干扰机能够更好地针对特定目标进行干扰,结合射频使能网络能力需求,这种电子战系统的网络战能力将有更广阔前景。

(北京航天情报与信息研究所 赵飞)

开放体系架构在美国陆军防空反导中应用分析

面对越来越复杂的空袭威胁,为了实现防空反导作战资源的高效利用,美国陆军积极发展一体化防空反导概念的开放体系架构,使防空反导传感器和拦截武器在防空反导体系中实现即插即用,作战系统中的软、硬件更加易于扩展、升级和维护,防空反导装备体系结构可按需灵活配置,在较短时间内快速应对迅速变化的战场环境和复杂的目标威胁,实现防空反导作战能力持续升级。

一、基本情况

(一) 发展背景

现代防空反导装备及作战体系正向着高度信息化、智能化的方向发展,对防空反导体系中各组成部分之间的通信、互操作性、数据处理能力等均提出了极高的要求。美国陆军原有的"烟囱"体制防空反导装备体系在互操作能力、数据分析和分发能力及速度等方面均受到封闭体系架构的极大限制,制约了武器装备最优性能的发挥。因此,美国陆军持续在战区、战术层级发展防空反导一体化指挥控制系统,将其作为陆军转型发展的一个重要抓手。在一体化防空反导系统中采用开放体系架构成为首选。

开放体系架构是信息系统的一种架构模式,是相对于封闭体系架构而言更先进的体系架构,其最大特点是更符合信息系统的本质需求,由此构建出的体系在组成上更加灵活,最终极大地提升了体系作战能力。此外,在升级和扩展上也更加经济和便利,是未来发展方向。海军基于开放体系架构技术,将"宙斯盾"系统从只有防空能力发展为兼备防空反导能力,这一成功经验为陆军提供了参考借鉴。

(二)开放体系架构技术在防空反导中的应用

开放体系架构技术并非单独的专门技术,而是相关技术的集群。美国陆军防空反导中应用开放体系架构技术主要体现在研发全新的"一体化防空反导作战指挥系统"。该系统将替代陆军防空反导系统中原有的 7 种组件,将打破预警、探测、跟踪、火控传感器、火力单元发射架和通信网络组件之间原有的信息封闭隔绝的"烟囱"式组织架构,形成"即插即用"的动态组合模式,实现防空反导作战装备有机综合集成,最终形成统一高效的一体化防空反导作战指挥系统。

"一体化防空反导作战指挥系统"主要采用以下 5 个方面技术:模块化开放系统方法、综合总线技术、标准接口技术、组件单元即插即用技术和一体化火控网络技术。其中,模块化开放体系架构是顶层的总体原则性技术,既是一种信息系统架构技术,同时也是信息系统研发应用的商业模式、管理模式和系统综合集成原则。采用统一的数据和接口标准,将原有的软、硬件功能单元模块化,模块之间通过统一的通信协议构建的综合总线技术实现模块之间的互通互联,从而实现下层数据通信基础服务与上层任务功能模块各自独立、底层硬件系统与上层软件系统相分离,各应用模块之间彼此独立，最终使信息系统之间达成有机融合，各功能模块实现互联互通和数据互操作，同时系统的可扩展性也得到大幅提升，最终实现功能模块的"即插即用"。

（三）"一体化防空反导作战指挥系统"发展历程

美国陆军正在构建网络化、分布式的一体化防空反导体系，用于集成防空反导传感器、拦截武器、指挥控制、通信网络等资源。采用开放体系架构的"一体化防空反导作战指挥系统"研发是陆军建设一体化防空反导装备的关键。按照美国政府问责局2020年6月的报告估计，该项目将总耗资约77亿美元，33亿美元用于研发，44亿美元用于系统采购。

2006年8月，美国陆军成立项目办公室，正式启动系统研发。最初3年为概念研究和双承包商短期竞争研发阶段，2009年12月诺斯罗普·格鲁曼公司领导的团队获得了为期5年价值5.77亿美元的研发合同。2010年5月首套原型样机交付，演示验证和相关仿真试验耗时5年。2015年5月首次进行拦截试验，获得成功。此后连续4次拦截试验都获得成功。

"一体化防空反导作战指挥系统"在其发展过程中充满了挑战。2016年5月首次进行有限用户测试即出现严重问题，新指控系统存在大量严重软件问题，其中"严重1级"和"严重2级"的多达32个。最终交战运行中心可靠性严重下降，工作站经常出现运行速度变慢或完全停止运行的情况，系统的可靠性远低于作战所需水平。项目由此不得不进行整改。经分析研判，导致问题的原因是开发人员对防空反导武器系统本身特点认识不足，随后武器系统制造商雷声公司深度介入改进。经过一年多的努力，2017年9月进行的士兵实操试验中，之前的问题基本得到了解决。

2019年5月诺斯罗普·格鲁曼公司向美国陆军交付了首套生产型样机用于最后的试验，8月成功集成了空军F-35战机入网并传送目标跟踪数据，12 月成功集成了多种防空反导装备组件并成功实施多目标拦截试验，为转入作战试验和最终顺利部署奠定了重要基础。2020 年 7 月至 9 月进行了第 2 次有限用户测试并获得成功，12 月完成里程碑 C 决策，开始转入低速率生产阶段，并计划 2022 年实现初始作战能力和完成初始部署。

二、主要特点

开放体系架构技术的应用将对美国陆军防空反导体系作战能力和生存能力、系统使用的灵活性、装备研发的经济性、对复杂战场环境的适应性等多个方面产生重大作用。

（一）实现了旧装备与新装备在体系内的共生

采用开放体系架构研发"一体化防空反导作战指挥系统"一方面实现了对"爱国者"雷达、"爱国者" -2/-3 系统、"哨兵"及其改进型雷达系统的综合集成，有效利用了已有装备，避免了大规模淘汰现役装备造成的浪费；另一方面还可实现对在研和未来防空反导装备组件的综合集成和"即插即用"，实现了新、旧装备在一个体系内的共生，降低了体系的全寿命周期成本。

（二）提高了防空反导体系的作战和生存能力

"一体化防空反导作战指挥系统"应用"综合总线技术"使不同种类的防空系统之间的互联互通、互操作能力大大增强，显著提升了原有火力单元的信息获取能力，特别是对来袭目标的预警、探测、跟踪能力显著增强，依靠前出位置传感器的信息可以更早发射拦截弹进而使得武器射击远界能力得到充分发挥，完全释放出了原有火力单元的作战潜力，扩大了原有武器系统的防御区域。同时，系统的分布式部署也使其生存能力得到进一步提高。

（三）增强了防空反导系统运用的灵活性

采用开放体系架构技术的防空反导装备在未来作战中将完全突破之前的固定建制模式，更突出"基于任务的指挥"，形成体系要素之间更多种类的灵活组织应用模式。特定防空反导作战任务中指挥控制与通信模块、预警、探测、跟踪传感器和拦截武器导弹－发射架等组件的配置灵活性将因此得到极大拓展，针对不同的作战对手和作战任务需求进行最合理、最小化的组件配置，从而极大地增强了防空反导系统在战术运用上的灵活性。

（四）提升了防空反导装备的经济性

一方面开放体系架构技术的应用使得防空反导体系中的任意组件的软硬件现代化升级都无须更改主系统，为体系升级提供了可行又经济的技术途径。另一方面，开放体系架构技术的应用使得更多符合标准接口规范的组件供应商可参与竞争，特别是专注于特定领域的中小型创新企业的参与成为可能，竞争的引入最终使得防空反导装备全寿命周期总成本大幅降低，经济上的可承受性显著提升。

（五）强化了对现代和未来战场环境的适应性

目前及未来的战场环境更加开放和不对称，因而也更需要灵活的、网络化、分布式的作战体系支撑作战。采用开放体系架构技术的武器装备和系统中既有松耦合又有紧耦合，特别是"易于扩展"和"即插即用"正是适应新技术快速迭代发展的有效模式，动态组合、分布式的灵活作战体系可对美军正在谋划发展的多域战、马赛克战、联合全域指挥控制等作战概念提供更强有力的支撑。

三、几点认识

（一）体系化作战是防空反导能力提升的重要途径

美国陆军一体化防空反导项目主要依托开放体系架构技术，将不同种类、不同体制的武器系统和传感器系统通过"一体化防空反导作战指挥系统"进行互联、互操作并最终实现体系化作战，指挥官可依据特定任务使用恰当的传感器和武器组合，大大提升了其防空反导能力。

（二）开放体系架构技术是防空反导体系化作战的重要支撑

美国陆军采用开放体系架构技术打破了以往各型武器系统"烟囱式"的信息壁垒，支持多传感器、武器系统的联网作战模式，可实现武器系统性能指标的最大化并支持超视距拦截，有力提升了防空反导体系的作战能力。

（三）体系要素深度铰链和高度融合是开放体系架构成功应用的关键

美国陆军"一体化防空反导作战指挥系统"发展过程中遇到的软、硬件运行可靠性、项目进度和经费等问题表明指控系统应用开放体系架构的过程中存在很大困难，需要经过多次反复最终才能研发成功。研发开放体系架构的指挥系统只有与传感器、拦截武器等体系要素深度铰链、高度融合，才能成功整合现有及未来防空反导资源并形成综合作战体系。

（北京航天情报与信息研究所　张萌）

美国智库提出高超声速防御新思路

近期,美国知名智库战略与国际问题研究中心发布《复杂防空:对抗高超声速导弹威胁》报告。报告在分析高超声速武器威胁及主要技术特征的基础上,指出高超声速防御需要新的能力、作战概念和防御设计,提出未来应对思路。报告对推进美国高超声速防御发展具有重要参考借鉴意义。

一、发布背景

在大国竞争时代背景下,俄罗斯高超声速武器发展非常迅速。自2018年以来,俄罗斯频繁测试高超声速武器。"先锋"远程助推滑翔导弹和"匕首"空射弹道导弹已经服役,对美国构成更为严重的现实威胁。因此,美国对于高超声速防御的需求十分迫切。

美国认为,高超声速防御在战略上是必要的,在技术上是可行的。但目前,美国在高超声速防御领域的投资仅相当于高超声速进攻武器的一小部分,不满足防御能力需求。此外,美国对于高超声速防御新概念、新技术、新方法的研究不够。因此,美国亟待开发新的武器装备和作战概念来应对高超声速武器威胁。

二、主要内容

报告主体内容共包括"高超声速防御属性""现有计划背景""迫使目标机动""开发新的作战概念""重新制定任务""国际合作和工业基础"六部分。重要观点包括：明确提出高超声速防御属于复杂防空范畴而非反导；以导弹防御为中心，发展高超声速防御能力，有弹性且持久的太空传感器和滑翔段拦截弹是发展重点；利用高超声速武器需在速度与机动性方面平衡的特征，寻求使高超声速武器失效的新模式，如高功率微波武器、颗粒弹头和可搭载多种毁伤机理的拦截弹等；加强国际合作、调整作战条令和组织架构、强化基础设施和工业能力建设。核心内容如下。

（一）高超声速防御是一种复杂形式的防空而非反导

报告认为，高超声速武器飞行高度通常在20~60千米之间，并将弹道导弹的速度和射程以及巡航导弹低空和机动飞行的特征结合。因此高超声速防御不是弹道导弹防御的简单延伸，而是一种防空和反导结合的防御形式。因其飞行高度在大气层内，高超声速防御应被看作一种复杂形式的防空。报告提出，高超声速防御的要素包括：①具有弹性和持久性的空间传感器层，包括"下一代过顶持续红外"系统、"国防太空体系架构"跟踪和传输层等，以发现、观察、区分和跟踪所有类型、方位角和轨迹的导弹；②拦截武器，按照目前的速度，滑翔段拦截器要到2030年后才能投入使用。另外，美国正在开发"标准"-6 1B导弹用于高超声速末段防御，还将改进"爱国者"-3和"萨德"系统，使其具备高超声速防御能力；③新的指挥控制系统。

(二)雷达前置部署等手段将削弱高超声速武器进攻能力

报告指出,高超声速防御必须利用高超声速武器的独特性质。例如,高超声速武器的机动会消耗能量,因此迫使高超声速武器更早或更频繁地机动,或者提高其热应力和气动力对防御是有利的。前置部署地基雷达与拦截武器和引入新的毁伤机理将会增加对手的进攻成本,迫使其高超声速武器更早进行机动,降低高超声速武器的打击效能。地基雷达和拦截弹的前置部署可能需要与盟国合作。同时,还可以通过提高地基雷达和拦截弹的机动性和覆盖范围来解决这一问题。此外,地基雷达和拦截弹可替代、分布式和冗余的部署模式将会增加对手的进攻成本。

(三)提出颗粒弹头、高功率微波等新毁伤机理高超声速防御手段

报告指出,高超声速武器机动时需要消耗大量能量,导致其表面温度和承受应力升高,这是高超声速武器的弱点,给高超声速防御带来了机遇。应在发展动能杀伤手段的同时,探索颗粒弹头、高功率微波等新毁伤机理和手段。

高超声速防御手段除动能杀伤外,还包括各种区域性毁伤机理。

一是颗粒弹头,其工作原理是将金属或烟火颗粒悬浮在高超声速武器飞行路径上,通过撞击产生的动能,削去高超声速武器的弹体头部材料,致使其结构和气动外形损坏。这种方式并不能直接摧毁高超声速武器,但可以改变其性能或轨迹,使其无法达到预期目标。

二是高功率微波武器,其工作原理是破坏高超声速武器的制导和控制电路,进而摧毁目标。虽然其射程比激光武器更短,并且需要与动能拦截器一起部署,但高功率微波武器不需要激光武器复杂的瞄准系统,且不易受天气的影响。

三是激光武器,其对高超声速防御的作用尚不明确。尽管目前激光武

器的功率不断增加，但即使未来激光武器的功率达到几百千瓦至兆瓦级，也不足以破坏高超声速武器的热防护系统。

四是模块化载荷，其工作原理是将多种毁伤机理的载荷集成到一款通用导弹上。通用导弹可以分别搭载定向能武器、破片战斗部、动能拦截器、颗粒弹头和传感器等。这些载荷可以提供一个"分层防御"系统，在高超声速导弹飞行轨迹上的多个点采用不同方案与其交战。这里的"分层防御"概念不同于传统，不是采用一个接一个的线性发射序列，下一层的防御并不是拦截上一层遗漏的威胁，而是互相配合，逐步积累损伤，最终实现摧毁。多种拦截方式将使对手高超声速武器的设计和改进变得困难，消耗大量资源。

（四）强化高超声速防御基础能力建设与资源投入

报告认为，美国在高超声速领域存在工业基础薄弱和资源投入不足的问题。在工业基础方面，热防护系统供应商和制造基地少，风洞能力不足，验证设计的高保真建模能力弱等问题制约了美国高超声速攻防武器的开发和生产；在资源投入方面，美国在高超声速攻防领域的预算不稳定，导致了大量人才的流失。报告建议，美国高超声速防御不应该从头开始或采用"独立烟囱"方式发展，应利用弹道导弹和巡航导弹防御及高超声速打击方面的工业基础、传感器和网络资产。此外，美国还应维持稳定的预算，消除产业短板，加强设计、试验和建模基础设施建设，以获取领先地位。

三、几点认识

（一）应采用新思维方式和防御方法应对高超声速威胁

目前普遍认为，高超声速防御是反导的延续。例如，美国提出通过改进"萨德""爱国者"-3和"标准"-6导弹，以实现对高超声速武器的防御。而本报告认为，高超声速武器在大气层内飞行，必须经历数分钟的严苛热和应力条件，而弹道导弹再入大气层时仅需要经历数十秒的类似条件。高超声速武器形状或重量分布的微小改变，会对整体性能产生重要影响。应重新审视高超声速防御的内涵，根据高超声速武器的特征，界定高超声速防御的任务范畴，对探测手段、拦截方式和战术使用等进行深入研究，从而实现对高超声速武器的有效防御。

（二）应采用分层多手段应对高超声速威胁

目前普遍认为，高超声速防御应采用分层防御的概念。例如，2021年6月，美国导弹防御局公布了最新的高超声速防御作战构想，提出滑翔段拦截–远程交战、滑翔段拦截–远程发射、滑翔段拦截–协同交战和末段拦截–协同交战四种作战模式。

（三）应采用多种方法快速研发高超声速防御武器

目前，与高超声速进攻武器领域相比，美国在高超声速防御领域的投入较少，难以支撑高超声速防御武器的研发试验。此外，美国高超声速领域预算的周期性波动，致使大量人才在预算紧张时流失。

（北京航天情报与信息研究所　刘杰）

美国导弹防御局加速推进"下一代拦截弹"研发

2021年3月23日,导弹防御局宣布,向洛克希德·马丁公司和诺斯罗普·格鲁曼-雷声公司团队授出"下一代拦截弹"合同。该合同的授出,标志地基中段防御系统自2004年部署后最重大的一次升级正式开始,对地基中段防御系统未来的发展意义重大。

一、主要背景

地基中段防御系统是一种固定阵地、井基发射、动能杀伤的战略型弹道导弹防御系统,用于保卫美国本土免遭洲际和远程弹道导弹攻击,是美国全球一体化弹道导弹防御系统的核心组成部分,主要由地基拦截弹、天基预警卫星、改进型早期预警雷达、X波段雷达、指挥控制作战管理和通信系统组成。

地基拦截弹是地基中段防御系统的拦截武器,其任务是在大气层外摧毁处于飞行中段的弹道导弹弹头。经过多年发展,美国已部署44枚地基拦截弹,初步具备对有限规模的洲际和远程弹道导弹的防御能力。美国地基中段防御系统现阶段为美国国土导弹防御的核心,保卫包括阿拉斯加和夏威夷在内的美国本土。截至目前，地基中段防御系统一共进行了20次拦截试验，其中11次成功，成功率仅55%，是美国现有导弹防御系统中拦截成功率最低的。

为提升系统中关键装备"大气层外杀伤器"的可靠性，美导弹防御局曾于2014年启动了"重新设计杀伤器"计划，以提升"地基拦截弹"作战能力。但由于经费超支、部署时间延期、关键设计评审未通过等原因，"重新设计杀伤器"于2019年8月被终止。

2019年美国在《导弹防御评估》中强调，中俄先进弹道导弹为其本土面临的主要威胁。在美国"重返大国竞争时代，以中俄为主要战争对手"背景下，为有效应对中俄先进导弹威胁，美国重启调整后的地基拦截弹升级改进计划，将对现有地基拦截弹的大气层外杀伤器、推进系统以及发射装置进行升级改进，以弥补现有地基中段防御系统可靠性差的短板。

二、基本情况

（一）项目进展

2019年10月，导弹防御局正式向业界发布了"下一代拦截弹"的信息征询书。

2020年4月，美国导弹防御局在美国政府采购网站上发布了"下一代拦截弹"的征标书。8月，导弹防御局收到了波音公司、诺斯罗普·格鲁曼–雷声公司团队、洛克希德·马丁公司提交的项目投标书。

2021年3月23日，导弹防御局宣布授出"下一代拦截弹"合同。诺斯罗普·格鲁曼–雷声公司团队所获合同总价值39.32亿美元，合同期限为2021年3月至2026年5月。洛克希德·马丁公司所获合同总价值36.93亿美元，合同期限 2021 年 3 月至 2025 年 8 月。

两家公司根据合同，将全面开展拦截弹的研发，包括新型助推器和新型杀伤器，并根据美国国防部目前的导弹防御战略，为"下一代拦截弹"进行技术开发和风险降低工作，使该系统能够在自然和敌对环境中生存的同时，还能应对未来新型威胁。

（二）技术研判

1. 将继续采用动能杀伤技术

根据美国导弹防御局局长乔恩·希尔 2019 年 10 月在"透视未来导弹防御"研讨会上的讲话，"下一代拦截弹"将是一种基于新型固体燃料火箭的动能杀伤系统，能够运用强大的动能碰撞摧毁敌方弹头。因此可以判定，"下一代拦截弹"将采用与现有地基拦截弹相同的动能杀伤技术。

2. 将采用多目标杀伤器技术

为有效实现对威胁目标的拦截，美国在提高目标识别技术的同时，还在探索"多拦多"技术。美国导弹防御局于 2015 年启动了"多目标杀伤器"研发。该项目旨在利用先进的探测器、姿轨控和目标识别等技术，辅以杀伤器数量优势，将处于大气层外中段飞行的弹道导弹弹头、诱饵等目标有效拦截。雷声公司之前发布的图片显示，每个"多目标杀伤器"至少可携带 6 枚杀伤器。截至目前，美国已经在"多目标杀伤器"上投资超过 5 亿美元。但值得注意的是，在 2020 年 2 月公布的美国导弹防御局 2021 财年预算申请中，并没有单独为"多目标杀伤器"申请经费，而是为"下一代拦截弹"申请 6.38 亿美元。因此，美国极有可能并未放弃研制"多目标杀伤器"，而是将项目技术成果纳入"下一代拦截弹"中。

3. 将继续使用地下发射井

目前，美国部署的 44 枚地基拦截弹都位于地下发射井中，根据未来发展计划，美国导弹防御局将在阿拉斯加格里利堡新增部署 20 枚地基拦截弹，使地基拦截弹部署数量在 2028 年达到 64 枚。根据美国导弹防御局 2020 财年预算申请文件，美国将在阿拉斯加格里利堡 4 号导弹阵地新建 20 个发射井，并在 1 号导弹阵地新增 2 个发射井。因此可以判定，"下一代拦截弹"仍将采用地下井发射方式。

（三）预算采购

2021 年 4 月，美国国防部成本估算与项目评估办公室表示，"下一代拦截弹"项目全周期耗资约 177 亿美元，包括研发经费 131 亿美元，用于研发 10 枚原型弹；部署经费 23 亿美元，用于采购 21 枚"下一代拦截弹"部署在阿拉斯加基地；22 亿美元用于拦截弹部署后的运营维护。

三、结束语

美国通过加强地基中段防御系统建设来提升本土战略反导能力。地基中段防御系统已成为美国确保自身绝对安全、夺取全面战略优势的重要手段。美国地基中段防御系统采用开放体系架构，根据军事需求的变化，结合技术发展，逐步向系统移植新型拦截器、新型助推器等，不断提升系统拦截性能。同时，持续探索和试验空、天基红外跟踪识别系统，研制新型 S 波段识别雷达，增强预警识别制导能力，以提升应对复杂突防的实战能力。随着"下一代拦截弹"的研发成功并投入部署，美国地基中段防御系统的作战能力将获得进一步提升。

（北京航天情报与信息研究所　罗冲凌）

美国导弹防御局推动 C^2BMC 系统能力升级分析

2021年3月,美国导弹防御局发布其战略反导系统的指控系统"指挥控制、作战管理和通信"(C^2BMC)系统新的需求征询意见书,就系统未来发展在软件开发需求、网络能力需求、网络安全需求以及计划编制器需求等方面提出征询意见,寻求新的作战能力,其中"能力增量"-9中提出了计划集成、协调和增强的导弹防御作战能力,重点是新的识别能力和增强的态势感知能力;"能力增量"-10需求中提出了未来导弹防御体系能力发展的方向和内容,重点包括新增的传感器和拦截弹等硬件能力和基于新装备的更先进的识别技术。未来这些能力将进一步显著增强美国的战略反导能力。

一、C^2BMC 基本情况

(一)系统构成

C^2BMC 系统是由各级相互关联的反导作战指挥机构中安装的实施反导指挥控制的软硬件组成的,其中从软件上看,C^2BMC 系统分为"作战司令部指控"（COCOM C2）套件和"全球交战管理器"（GEM）套件，前者综合了作战规划、态势感知和作战管理功能，后者更偏于单一的作战管理功能。从硬件上看，C^2BMC 主要包括作战司令部指控企业级工作站和操作员席位、全球交战管理器工作站和操作员席位、航迹服务器等。

（二）主要功能

C^2BMC 系统是战略反导体系的神经中枢系统，将反导系统的各个组成部分综合集成在一起形成完整的反导作战体系，主要包括传感器和拦截武器两大类。目前已经集成和计划未来集成的导弹防御传感器资源包括：导弹防御局的海基 X 波段雷达、美国太空军的"持续过顶红外"系统、升级的早期预警雷达、丹麦"眼镜蛇"雷达、美国海军的 AN/SPY-1 雷达、AN/SPY-6 雷达、导弹防御局的 AN/TPY-2 雷达、其他外部资源，以及美国太空军计划 2022 年投入使用的远程识别雷达、导弹防御局计划 2023 年具备能力的天基杀伤评估系统、正在评估中的 F-35 战机；防御拦截武器包括导弹防御局的地基中段防御系统、美国海军的"宙斯盾"系统（包括海基和陆基）、美国陆军的"萨德"系统和"爱国者/一体化防空反导作战指挥系统"。

C^2BMC 系统的主要功能如下：一是制定全球协同的导弹防御作战计划；二是为导弹防御作战提供态势感知能力；三是提供管理导弹防御传感器和拦截武器的工具；四是提供导弹防御作战分布式训练环境；五是提供导弹防御全球通信网络管理和支持。

（三）发展模式

C^2BMC 系统的发展采用了渐进式螺旋发展的模式。2004 年开始研发 C^2BMC 系统时制定了 Block2004、Block2006、Block2008 三个阶段，之后又演变为"螺旋"-4、"螺旋"-6发展计划。最初实现实战部署的是"螺旋"-4系统，目前大规模部署了"螺旋"-6系统，正在研发试验"螺旋"-8系统。目前 C^2BMC 系统采用敏捷开发方法，能力分阶段实现，采用模块化开放系统方法生产硬件、算法、软件、网络连接和现场支持，提供体系级的综合导弹防御能力。

二、主要内容

导弹防御局发布的"指挥控制、作战管理和通信"系统需求征询意见书主要从下面7个领域提出新的需求要点和相对应的预期能力。

（一）软件/数字开发需求

该技术领域包括 C^2BMC 系统的软件开发、集成和测试，以及实现集成增量能力所需的所有附加硬件和外部软件。测试包括整个导弹防御系统的单元级和系统级测试。系统测试包括飞行测试、数字预测分析、半实物地面测试、分布式地面测试和半实物网络安全测试。

导弹防御局寻求设计、开发、交付、运营和维护系统的现代化方法。支持全生命周期工程的跨学科集成数字方法正处于规划阶段。作为工程数据的权威来源，建模与仿真将作为一个连续体在"V"型系统工程中实施。软件开发活动还包括设计和实施高效的网络安全基础设施，包括防篡改机制和保护关键程序信息。此外，随着该机构寻求转向基于云的开发环境，以改善和加快已开发软件向运营部署的安全转移。C^2BMC 对快速开发、测试、集成和验证新功能的概念和方法感兴趣，这些新功能以响应的方式安全可靠地集成到模块化、可扩展的系统中，而不会带来不可接受的风险。

新的系统功能要实现部署，导弹防御局通过测试过程的客观证据必须提交给导弹防御局全体委员会。客观证据来自开发测试、与导弹防御局其他资产的集成测试、导弹防御局半实物地面试验、导弹防御局飞行试验和总体系统试验演习,以确保强大的网络状态。C^2BMC 软件以及所有附加硬件和外部软件需要开发测试环境以实现如上所述的安全、有弹性的集成增量能力。新的待集成和支持的 C^2BMC 能力需要集成到这些待测试的导弹防御局系统测试过程中。客观证据中的这些数据连同新 C^2BMC 产品的相关能力和限制的综合评估需要满足导弹防御局全体委员会的程序。

(二) 开发模式与能力要求

1. 开发模式

目前 C^2BMC 系统计划采用敏捷开发方法,能力分阶段实现,采用模块化开放系统方法生产硬件、算法、软件、网络连接和现场支持,提供体系级的综合导弹防御能力。当前从需求识别到开发发布的预期周期是 24~36 个月,然后是鉴定测试阶段,包括系统地面测试和飞行测试。

C^2BMC 寻求以更快的速度发展有效的分层导弹防御能力。目前的武器系统包括"地基中段防御系统""萨德"系统、"爱国者"系统和"宙斯盾"弹道导弹防御系统,随着现有资产能力的扩展或新能力的出现,以及为了应对额外的威胁类型,预计还会增加拦截系统,因此需要在更快地发展部署与维护整个导弹防御系统的运行之间取得平衡,导弹防御系统传感器和武器系统可能在不同的开发周期中开发。

2. 能力要求

导弹防御系统的所有能力被分解成带编号的增量部分,需要对这些增量部分进行协调,以实现导弹防御系统单元之间的系统能力同步综合。增量内容保存在批准的分阶段实施计划中。"增量" -9 和"增量" -10 的当前计划能力如下。

"增量"-9 计划集成、协调和增强的导弹防御作战能力包括：一是支持海基 X 波段雷达的前置识别；二是支持地基中段防御系统使用先进识别用于拦截作战；三是扩大与"过顶持续红外"企业空间资产接口，从而提高防御增加的中远程导弹威胁的能力；四是为所有类型的导弹威胁提供分层、协调的主动防御；五是为作战指挥官提供更新的导弹防御态势感知能力。

"增量"-10 的主要内容包括：一是新增传感器长期能力的初始部分，提供改进的目标航迹关联、改进的拦截弹同威胁关联的功能，新增传感器除了数据用于评估拦截是否成功之外，还额外增加了系统的战略威胁能力；二是支持预计将在多处陆基"宙斯盾"阵地和海基"宙斯盾"舰上部署的下一代拦截弹，作为欧洲增强中远程导弹防御系统的一部分增强防御能力，同时下一代拦截弹将提供对中程导弹和中远程导弹的早期拦截能力，并为更强的国土防御提供额外的一层拦截能力；三是扩大导弹防御火控系统协调范围和改进雷达的识别能力，部署先进的识别技术，包括地基中段防御利用来自导弹防御系统全部传感器的融合数据来提高本土防御能力。

（三）网络能力需求

C^2BMC 系统通过导弹防御系统的通信网络，将外部传感器和独立的武器单元连接在一起，形成一个分层的导弹防御系统，使得整体比各个部分的简单总和能力更强、鲁棒性更高，从而扩大导弹防御系统的保护覆盖范围，对当前和未来的弹道式和非弹道式的高超声速、机动和巡航导弹威胁具有更好的防御性能和覆盖范围。C^2BMC 系统使导弹防御系统能够管理复杂的威胁——敌方导弹几乎同时向战区、地区或国土资产发射。

导弹防御系统通信网络计划提供了一个鲁棒的、端到端的、高可用性的通信网络，它允许导弹防御系统跨单元通信（在全球范围内快速而明确地共享信息的连接)。导弹防御系统通信网络提供网络解决方案，以提高互操作性、安全性以及与导弹防御系统内部和外部子系统/单元的协作。从根本上说，它使国家指挥当局和战略级、区域级和战术级的指挥官能够在任何时间以最佳方式应对任何射程的处于任何飞行阶段的威胁。通过 C^2BMC 系统连接的包括"爱国者"系统、"萨德"系统、"宙斯盾"弹道导弹防御系统、"地基中段防御系统"，以及诸如 AN/TPY-2 雷达、海基 X 波段雷达、天基红外系统、弹道导弹防御系统持续过顶红外架构、丹麦"眼镜蛇"、升级型早期预警雷达、远程识别雷达和其他非传统传感器等。这种信息共享是安全进行的，特别强调通过导弹防御系统网络运营和安全中心防止网络攻击。C^2BMC 指挥中心为相关场所的所有 C^2BMC 操作、测试和培训设备提供日常操作、管理和执行所有操作、系统管理、系统/网络监控、网络防御和维护活动。有效的网络管理和运营依赖于管理、协调和集成各种设备平台的能力；与其他国防部和相关通信系统的接口；现有/不断发展的信息标准和能力，以及对国防部风险管理框架的遵守。国防信息系统局的服务在提供全球通信方面也发挥了很大作用。

(四) 网络安全需求

美国国防部的 C^2BMC 网络弹性计划从当前的威胁情报中识别早期开发中的网络要求，遵守适用的法规、条例、国防部和美国国防部的通知，实施美国国家标准技术研究院 800 系列指南规定的风险管理框架，并在整个开发、能力测试、地面测试和持续的网络运行监控过程中进行软件保证和网络弹性测试。C^2BMC 将创新的网络弹性重点整合到系统保护规划、工程、分析、测试、财务管理、维护和处置中。C^2BMC 网络弹性计划侧重于通过导弹防御系统的网络运营和安全中心识别、保护、检测、响应和恢复潜在网络攻击的能力，并向开发和测试环境负责团队以及信息系统安全经理团队提供近乎实时的反馈回路。通过导弹防御局企业任务保证支持服务中的风险接受、缓解或关闭，对所有已识别的潜在漏洞进行风险评估、优先级排序，并记录行动计划和里程碑。

（五）计划编制器的需求

C^2BMC 系统计划编制器的功能越来越依赖于对导弹防御现有资产和资源及其未来潜在变化的可靠理解。关于盟军和敌方能力的知识共同构成了作战计划编制的基础性驱动数据，同时也影响着作战管理和交战的结果。不断变化的威胁数据要求导弹防御系统计划编制采取适应性方法，并能够适应导弹防御资产的定期升级。

C^2BMC 计划编制器需要与这些进步保持相关性，并展望未来的进步，同时在联盟环境中运行时提供动态修改和验证防御设计的灵活性，这包括但不限于防御设计的创建、编辑、导入、分析和优化。它还意味着能够与 C^2BMC 套件集成，提供直观的界面和工作流程，最大限度地减少培训和专业知识。

（六）培训支持的需求

导弹防御系统"持续测试、培训和运行"能力将测试、评估和培训场所与现实世界的活动安全地分开，并允许在运行的设备和网络上注入高保真仿真过程，以运行现实场景。"持续测试、培训和运行"计划最终成为一个涵盖导弹防御系统所有要素的能力。"持续测试、培训和运行"培训解决方案的一部分是分布式培训系统。当系统处于作战状态或"处于警戒状态"时，作战指挥系统满足了作战指挥官保持作战能力、参与演习、训练和演习任务场景的高优先级要求数字地面系统为导弹防御作战提供了进行分布式、中高保真度和端到端的战略和作战训练的能力，其中包括在任何或所有导弹防御系统要素中的导弹预警活动。该架构允许在操作架构上对导弹防御系统进行可扩展的训练,并允许操作者在他们战斗的地方进行训练。可扩展的训练可以从单个导弹防御资产,到区域导弹防御系统能力,最高到整个全球的导弹防御系统。

(七)运营、保障和维护

潜在供应商必须有能力高效和有效地运营、保障和维护当前全球部署的 C^2BMC 系统,同时最大限度地降低当前和未来版本的总拥有成本。该系统将继续支持和连接各种设施中的各种全球分布式传感器单元和通信单元。重点是在一个面临快速变化和要求提高网络弹性的技术环境中,提高可支持性,降低当前和未来型号的硬件和软件生命周期成本。必须能在所有的 C^2BMC 运行、测试和训练培训系统的部署地开展 C^2BMC 的运行和保障维护。

三、几点认识

从美国导弹防御局最新发布的 C^2BMC 系统能力需求征询意见书公开部分内容中的技术需求方面可以得到以下几点启示。

(一)针对潜在威胁升级软硬件支持导弹防御能力不断提升

随着威胁的不断演进,C^2BMC 的发展历程中多个版本一直处于交错的开发阶段。新的/改进的功能以 24 个月为周期交付,交付的版本能够从简单威胁到复杂威胁逐步提高体系能力,更好地规划导弹防御作战、远程管理全球的传感器、处理跟踪数据以识别威胁和相关的飞行路径,将与威胁交战所需信息转发给武器系统,并利用全球通信网络执行综合战斗管理,以击败不断发展的对手攻击。未来采用敏捷开发模式将使体系更快速地提升能力应对不断发展的威胁。

（二）软件能力升级与硬件升级能力迭代发展提升体系作战能力

新发布的信息征询书中"能力增量"-9重点从算法和软件方面提升海基X波段雷达、地基中段防御系统、"过顶持续红外"企业空间资产等现有导弹防御资产针对中远程导弹威胁的作战能力，以及提供更新的导弹防御态势感知能力。"能力增量"-10则是适应新增传感器、新增的陆基"宙斯盾"阵地和海基"宙斯盾"舰上部署的下一代拦截弹等硬件资源的发展做出的相应发展，以及再之后的软件提升能力。

（三）针对实战化需求全面提升C^2BMC实战能力

从美国C^2BMC系统的发展来看，美国已经越来越重视针对实战化的需求，C^2BMC系统对作战训练需求、网络安全需求、运行维护需求的重视充分体现出美国反导体系高度针对实战化需求，重视发展相关保障体系，使系统高效可靠地运行并全面提升C^2BMC系统和反导体系的实战能力。

（北京航天情报与信息研究所　朱凤云）

美国陆军 IBCS 系统技术发展分析

2021年1月，美国国防部采办与保障副部长埃伦·洛德签署一份采购决定备忘录，批准陆军一体化防空反导项目转入初始低速生产阶段。作为美国陆军现代化六大项目之一的陆军一体化防空反导，是联合信息环境条件下实现陆军战区防空反导一体化的核心和关键，主要内容是研发一体化防空反导作战指控系统。此次关键里程碑决策标志着该项目转入了新的阶段，向着具备初始作战能力的方向又迈出了关键一步。

一、项目发展背景

美国陆军为了解决原有防空反导武器系统中固有的"信息孤岛模式"限制实现体系效能最大化，2006年启动了一体化防空反导项目。该项目的发展目标是为已有的和未来的多种防空、反导系统建立一个以网络为中心的体系结构解决方案，集成传感器系统、拦截武器系统等，进而实现作战管理、指挥控制、通信和情报系统的综合集成，使所有资源都能按需求和能力指标实现集成的指挥与控制，最终实现防空反导一体化作战。

项目研发的装备包括：通用任务指控中心、综合火控网络和即插即用接口套件。通用任务指控中心由交战运行中心、综合协同环境、交战运行中心拖车及相关设备组成，其中部署的一体化防空反导作战指控系统为作战人员提供对作战资源和交战过程的指挥控制，选用最合适的武器对多种空袭威胁目标实施拦截。综合火控网络提供传感器、拦截武器与通用任务指控中心之间的网络连接，传输目标信息和火控指令等。即插即用接口套件用于将现有的和未来的防空反导要素接入综合火控网络。

二、项目装备计划及特点

2020年美国政府问责局《年度采办评估》报告称，一体化防空反导项目计划向陆军交付总计约454件装备，未来10年采办使用维护费用将达44亿美元。即将开始低速生产的装备包括交战运行中心、综合协同环境、交战运行中心拖车及相关设备、综合火控网中继设备、雷达单元网络接口套件、发射架网络接口套件等，目前用于列装"爱国者"营、"爱国者"合成营及"间接火力防护能力"营，未来还将列装"萨德"等系统。

（一）装备计划

"爱国者"营含1个营指挥所、4个火力连。每个营指挥所配装2套标准版交战运行中心（含综合协同环境、交战运行中心拖车及相关设备），全营配装12套综合火控网中继设备。每个"爱国者"火力连配装1套标准版交战运行中心、1个雷达接口单元套件、6套发射架网络接口套件。

"爱国者"合成营除含1个常规"爱国者"营外，增加1个"间接火力防护能力"连，每个连下辖3个排，每个"爱国者"连增配1部"哨兵"雷达及接口单元 A 套件。"间接火力防护能力"连指挥所配装 1 套标准版交战运行中心。每个排配装 1 套简化版交战运行中心（不含综合协同环境）、1 套综合火控网络中继设备、1 部"哨兵"雷达及接口单元 A 套件。

"间接火力防护能力"营含 1 个营级指挥所、3 个连，每个连下辖 3 个排。营指挥所配装 2 套标准版交战运行中心，全营配装 9 套综合火控网络中继设备。连指挥所配装 1 套标准的交战运行中心、1 部"哨兵"雷达及接口单元 A 套件。排配装 1 套简化版交战运行中心、1 部"哨兵"雷达及接口单元 A 套件。

（二）配装特点

交战运行中心作为一体化防空反导作战指挥系统的核心装备，在不同部署层级配置不同，具有很大的灵活性。营、连指挥所配装的交战运行中心均包括了综合协同环境，使得部队之间的协同作战能力大幅增强，但是排级指挥所配装的交战运行中心不包括综合协同环境部分，体现了采用开放体系架构技术带来的配置的可裁剪性及部署的灵活性。

三、几点认识

美国陆军防空反导一体化项目历经十余年的发展，目前项目已经完成所有研发试验，转入低速生产阶段，即将开展作战试验和装备部队，未来其影响将主要体现在以下 3 个方面。

（一）进一步增强前沿部队应对未来多元威胁的能力

随着陆军一体化防空反导作战指控系统的实战部署，美国陆军前沿机动部队的防护能力将得到显著提升，特别是应对战术弹道导弹、无人机系统和巡航导弹威胁时的生存能力将显著提高。适用于探测不同目标的多种传感器和应对不同类型空中威胁目标的多种类型拦截武器系统，在一体化防空反导作战指控系统的指挥控制下，应对战术弹道导弹、无人机系统和巡航导弹威胁时的综合作战效能将得到极大的提升。同时，借助陆军一体化防空反导作战指控系统，防空反导力量的部署也将更加灵活机动，部署配置更小规模的机动防空反导力量成为可能。

（二）实现美国陆军防空反导一体化作战

在此之前，美国陆军已装备的"爱国者"系统、"萨德"系统等均为信息孤岛"烟囱式"的系统，相互之间缺乏互联互通互操作能力，只能单个系统独立作战，因此往往由于在信息情报、传感器、火力控制等方面受到限制而无法发挥武器系统的最大效能。陆军一体化防空反导作战指控系统一旦实战部署，将使美国陆军防空与反导系统充分融合，形成防空反导的一体化作战能力，美国未来的战区防空反导任务将主要由部署了"萨德"系统和"爱国者"-3系统的特遣部队完成。利用陆军一体化防空反导作战指控项目成果，"萨德"系统与"爱国者"-3系统将实现完全协同交战，并最终形成战区的陆军防空反导一体化立体多层拦截能力。

（三）融合新技术螺旋式发展未来新作战概念

将同时着眼于当前和未来的开放式体系架构技术和核心发展思路应用于陆军一体化防空反导作战指控系统，不仅能将目前的传感器和武器系统集成在一起并接入更高层级的美国国土弹道导弹防御系统联合指挥控制系统中协同工作，更重要的是未来发展的新技术、新系统的网络化接入作战也将变得异常容易，包括战术无人机载激光反导系统、超高声速制导炮弹拦截系统等，将不断提升陆军应对各种不断变化的空中威胁目标的能力，甚至是实现颠覆性的发展。同时，开放体系架构的指控系统将对正在发展的分布式防御作战、马赛克战、联合全域指挥控制等新的作战概念等提供有力的技术支撑，实现防空反导装备灵活的作战部署和运用。

（北京航天情报与信息研究所　朱凤云）

俄罗斯机动近程防空系统技术发展分析

在"军队-2021"国际军事技术论坛上,俄罗斯伊热夫斯克"圆顶"机电厂宣布已开始研制新一代"道尔"防空系统,大幅提高"道尔"系统作战性能,应对各种无人机和巡飞弹等新型空袭兵器,与中远程防空系统形成多层防御系统,共同改变未来防空作战态势。"道尔"防空导弹系统1984年研制定型,1986年列装苏联部队,至今已有30多年发展历史,经历多次现代化升级,是俄罗斯多层次防空体系的重要组成系统之一。

一、基本情况

"道尔"防空导弹系统(图1)是莫斯科机电科学研究所与伊热夫斯克"圆顶"机电厂联合研制的全天候低空防空导弹系统,系统代号9K330,导弹代号为9M330。"道尔"防空系统是世界上在低空近程防空导弹系统中首先采用垂直发射的系统,也是首个将目标搜索、探测跟踪和导弹发射集成在一辆载车上的近程防空导弹系统,可全天候作战,主要对付低空固定翼飞机、直升机、无人机、巡航导弹及空地导弹等目标。"道尔"防空导弹系统于20

世纪70年代末开始研发，用于替代"黄蜂"近程防空导弹系统。"道尔"的改进型主要包括"道尔"–M1和"道尔"–M2，其主要性能见表1。

图1 俄罗斯"道尔"防空导弹系统

表1 "道尔"防空导弹系统主要性能

名称	"道尔"基本型	"道尔"–M1	"道尔"–M2
作战距离/千米	1.5~12	1.5~12	1.5~160
作战高度/千米	0.01~6	0.01~6	0.01~12
制导体制	无线电指令制导	抗干扰无线电指令制导	抗干扰无线电指令制导
弹长/毫米	2900	2898	2900
弹径/毫米	230	239	230/240
弹重/千克	165	165	165/163
推进系统	双推力固体火箭发动机	双推力固体火箭发动机	双推力固体火箭发动机
战斗部与引信	破片杀伤式战斗部、无线电近炸引信	高能炸药破片式战斗部、无线电近炸引信	高能炸药破片式战斗部、无线电近炸引信

"道尔"－M1系统代号为9K331，导弹代号为9M331，衍生型号为"道尔"－M1A与"道尔"－M1T。"道尔"－M1防空导弹系统搜索雷达最大探测距离25千米，可对48个来袭目标做出判断，并对其中10个目标进行跟踪；跟踪雷达可引导导弹同时攻击2个目标；系统配有8枚导弹，垂直装在2个密封的4联装发射箱内，搭载在改装的GM－569中型履带装甲运输车上；系统反应时间为5~8秒。

2008年，俄罗斯推出"道尔"－M2防空导弹系统，衍生型号包括"道尔"－M2KM、"道尔"－M2U和"道尔"－M2DT等。"道尔"－M2防空导弹系统可击落超低空飞行的反辐射导弹，保护距离阵地8~10千米的陆军机械化部队；采用9M338K导弹，最大射程16千米，最大作战高度10千米，最大飞行速度为1000米/秒；导弹尺寸更小，载弹量增加到16枚，大大提高火力密度；采用了DT－30PM－T1铰接式履带全地形车作为系统搭载平台。

二、主要特点

"道尔"防空系统是世界上首个采用垂直发射的近程防空导弹系统，也是一种全天候、集目标搜索、跟踪和导弹发射于一体高度全自动化的防空导弹系统，可以有效为陆军机械化部队提供伴随式野战防空，同时也是俄罗斯远、中、近程多层拦截防空体系的重要组成部分。

（一）作战系统高度集成模块化，机动性和隐蔽性高

"道尔"防空导弹系统将发射模块与控制模块高度集成到履带式两栖车或轮式装甲车底盘，极大增强防空导弹系统的机动性和隐蔽性。模块化的"道尔"防空导弹系统可以放置在任何承载能力至少为20吨的平台上，包

括重型卡车、拖车、舰船等，提高了防空系统的隐蔽性和生存能力。

（二）目标识别和抗干扰能力强，指挥控制自动化程度高

"道尔"防空导弹系统立足仿生学设计了视觉系统，能够对移动目标进行识别，从技术角度来看，系统性能强大，可以精确定位米－8直升机。"道尔"系统配备了无源相控阵雷达，具有很高的抗有源和无源干扰能力。自动指挥控制模块，可使"道尔"系统与其他中程、远程地空导弹系统集成到统一防空体系中，有效提高了俄军野战防空系统对精确制导武器和多用途无人机的防御能力。

（三）采用小型化防空导弹，作战距离远，命中精度高

"道尔"家族最新改进型"道尔"－M2防空导弹系统，在保留系统原有架构基础上，采用了一款更小、飞行性能更高的9M338新型防空导弹，最大作战距离16千米；采用先进的数字化自动驾驶仪，命中精度大大增强。"道尔"－M2系统导弹的主要性能和整体作战效能都优于世界上同时期、同类型的防空导弹。2020年10月，俄罗斯国防部宣布，将为"道尔"－M2开发一种比现有拦截弹更小、更轻、性价比更高的全新导弹，用于打击无人机。

三、发展趋势

"道尔"防空导弹系统的技术升级已经持续了近30年，技术不断突破，系统所有战术和技术性能都有了卓有成效的提升。在测试、演习和实战应用中，作战性能和应用前景得到反复验证。随着现代空袭武器以及高超声速武器的不断发展，"道尔"防空导弹系统新一代现代化技术升级迫在眉睫。

（一）提高导弹动力系统性能

伊热夫斯克"圆顶"机电厂负责人强调，未来，新一代"道尔"导弹将超越目前近程防空系统的性能范畴，用于打击高超声速武器。为此，需要对"道尔"导弹的动力系统进行持续升级，以大幅提高导弹射程、飞行速度和命中精度。主要改进包括：配备推力矢量控制发动机，加大导弹推重比，提高导弹机动过载能力，以提高导弹飞行速度，降低目标的反应时间，提升导弹命中率，同时，采用更加轻便的复合材料弹体和固体推进剂，可有效保证导弹的射程和射高。

（二）寻求防空导弹采用双模制导体制

现代中、近程防空导弹的制导方式更加多样化，如美国"斯拉姆拉姆"和欧洲"紫菀"-15选择了主动雷达制导；美国"拉姆"则选择了红外成像+被动雷达复合制导方式。"道尔"防空导弹系统采用的抗干扰无线电指令制导模式已相对落后，将导弹与制导雷达全程"绑定"在一起，一旦作战区域进入导弹系统上方，就进入了雷达盲区，导弹立即失去拦截目标能力，从而难以完成应对各种类型战役战术弹道导弹和先进精确制导武器的任务。为此，俄罗斯"道尔"防空导弹系统为应对不断演进的威胁，将推进导弹双模制导体制的改进。

（三）增加导弹战斗部功能

为更有效应对无人机威胁，"道尔"导弹在原有破片杀伤方式基础上，实现了战斗部的技术突破，通过增加"电子"杀伤机载无线电电子设备，战斗部采用了磁暴发生器。用磁暴发生器直接将混合电荷的爆炸能量转换为电磁脉冲能量，当磁暴发生器质量为12~15千克时，发射的微波能量可在100~150米或更大半径范围内引爆，对无人机机载电子设备造成功能性破坏，实现用一枚导弹可毁伤 N 个无人机目标，对小型和超小型无人机造成"智能化"不对称打击。

（四）防空导弹小型化

近年来，随着无人智能武器对打击低价值目标需求的日益增长，导弹小型化成为发展的新热点；"道尔"小型化导弹在弹体尺寸、制造成本、作战能力等方面在对抗无人机蜂群威胁时都展现出明显优势，成为精确制导武器发展的一个新方向。

（五）改进无线电电子设备

当前迫切的需求是与小型无人机进行全面对抗，为此需要进一步改进"道尔"系统的搜索跟踪、通信和控制系统的无线电电子设备。通过改进探测制导雷达系统，适应未来防空作战的复杂性和多样性需求；通过改进信息传输和交换系统，提高与整个防空体系的总体协同能力。目前"道尔"系统已配备与统一炮兵连指挥所链路相连的数字远程信息交换设备，但在低速模式下工作效率低，只能实现一个方向信息交换，虽然增加了战车的通道性，但并不能与统一炮兵连指挥所在远程模式下进行信息交换。为此，俄罗斯奔萨无线电厂研制了一款现代化的小型抗干扰数据传输设备，以解决这一技术难题。

（六）提高战车环境适应性

相对来说，"道尔"系统机动性能已经非常强大，并在历次实战应用、演练中取得了预期的效果。未来，为应对更加复杂的作战环境、不断演进的目标威胁，"道尔"导弹可进一步提高轮式底盘和履带装甲车在复杂作战环境下对作战模块的适配性，积极推进战车底盘，旨在提高机动性的试验和设计。

四、结束语

未来新一代"道尔"防空导弹系统可期的发展点将集中表现在,与预警指挥系统的完美兼容;形成打击高超声速武器和各种无人机能力;与S-300B、"布克""铠甲"等防空系统共同构成空域完备的野战防空拦截网。

(北京航天情报与信息研究所　张帅)

俄罗斯 S–500 防空反导系统技术发展分析

2021年10月13日,俄军列装首个 S–500 防空反导旅,其将在"铠甲"–SM 弹炮近程防御系统的伴随下进行战斗值班。S–500 防空导弹系统代号为"普罗米修斯",是俄罗斯继 S–400 之后推出的第五代防空反导系统。从 S–300 系列侧重防空升级到 S–400 系统防空反导,S–500 "普罗米修斯"实现了防空、反导、防天、反卫技术融合的全新武器系统,其顺利部署,不仅表明俄罗斯在防空反导技术领域的领先地位,同时也展现出俄罗斯独特的武器发展创新理念和超前的战略思维。

一、基本情况

S–500 系统为俄罗斯第五代防空导弹系统,由金刚石–安泰空天防御集团研发,可以打击超声速巡航导弹、中程弹道导弹以及中末段飞行的洲际弹道导弹等目标,还可以拦截各种空气动力学目标和速度超过马赫数5的高超声速武器以及低轨道卫星类太空目标。S–500 的列装使俄罗斯具备有效遏制敌方全球快速打击能力,将成为俄罗斯空天防御的基石,其研发进度见表1。

表1 S-500系统研发进度

2002年	俄罗斯首次公布金刚石设计局S-500防空导弹系统研制方案,开始着手论证系统的可行性与技术战术指标
2006年	俄罗斯国防部正式授权金刚石-安泰空天防御集团为S-500系统的主要研制和生产单位
2013年	S-500系统开始国家测试
2014年	S-500系统新型拦截导弹测试成功
2014年	俄方宣布S-500系统研制进展滞后于计划,无限期推迟
2017年	宣布S-500系统将于2020年完成测试并列装
2019年5月	S-500系统综合雷达系统和多动能雷达站通过靶场测试并准备投入生产
2021年10月	俄罗斯列装首个S-500防空反导旅

(一) 系统情况

S-500系统主要包括防空和反导2个分系统。系统装备组件具有系列化、通用化、模块化、标准化的特点,可根据防空、反导、防天、反卫等多样化作战需求,灵活配置作战系统。

防空系统包括55K6MA防空作战指挥车、91N6AM雷达系统、51P6M拦截导弹发射车和40N6M拦截导弹;反导系统包括85Z6-2反导作战指挥车、76T6和77T6火控雷达系统、77P6拦截导弹发射车、77N6N/N1拦截导弹,其中77T6火控雷达是采用X波段的有源相控阵雷达;防空反导一体化指挥和雷达预警系统由85Z6-1作战指挥车和60K6远程预警雷达系统车组成,能够和"沃罗涅日"-DM"达里亚尔"等反导雷达组网协同;技术保障系统由故障诊断和技术维修保障修理车组成。

(二) 战术技术性能

S-500系统在整体上继承S-400系统架构下,重点开展对超远程气动目标、高超声速目标、低轨目标的新型拦截技术研发。新导弹采用全新的设计，优化了拦截弹的动力、控制系统，在原有基础上增加了一级发动机，77N6-N 和 77N6-N1 均采用二级火箭发动机设计，其中第一级火箭发动机使用双组元推进剂，具有比冲高、导弹加速快的技术优势，能够很好地遂行反导反卫拦截任务，可以拦截距离 150~700 千米、速度在马赫数 10 以上的目标。S-500 系统摧毁目标的高度远超 100 千米，最高可达 200 千米，拦截目标飞行速度超过 6000 米/秒，接近第一宇宙速度（7900 米/秒），可以打击低地球轨道太空目标；对弹道目标拦截距离为 700 千米，可同时拦截 10 个目标。

为满足对多类型目标的敏捷预警探测需求，S-500 采用了多部雷达协同组网的方式强化态势感知能力。S-500 系统配备 4 部雷达进行分波段探测，通过雷达组网技术、数据链技术及分布式部署技术，可实现强大的识别跟踪能力，并且在俄罗斯防空系统史上首度采用有源相控阵雷达。尤其相对于 S-400 型防空导弹系统只有一部 92N6 型雷达担负火控任务不同，S-500 系统配备了两部完全不同的火控雷达：一部是用于探测大气层内飞行目标的 76T6 型防空火控雷达，另一部主要用于探测弹道导弹的 77T6 型 X 波段有源相控阵反导火控雷达。S-500 新型拦截弹性能见表 2。

表 2　S-500 新型拦截弹技战术性能

导弹型号	40N6M	77N6-N	77N6-N1
最大作战距离/千米	450	150	700
最大作战高度/千米	30	165	200
制导体制	惯性制导+指令修正+主动雷达寻的	惯性制导+指令修正+末端雷达制导	惯性制导+指令修正+红外寻的制导
弹长/米	8.7	10.7	10.7
弹径/毫米	575	1120	1120
推进系统	固体火箭发动机	固体火箭发动机	固体火箭发动机
战斗部	定向破片杀伤战斗部	动能杀伤或定向破片杀伤战斗部	动能杀伤或小型核战斗部

二、技术特点

S-500 系统在充分兼容 S-400 系统拦截弹基础上,防空反导性能均有迭代发展。拦截弹射程提高 200 千米,雷达系统可以探测 140～160 千米反射截面为 0.003 $米^2$ 的目标,反隐身探测能力大大加强。S-500 系统在拦截高度和目标速度上均较 S-400 系统增加了一倍以上,具备拦截洲际导弹和打击近轨道卫星能力,真正实现空天防御一体化。

(一)多弹种兼容技术推动构建对多类目标的防御能力

近年,俄罗斯防空反导系统发展思路倾向于以一型系统为基础,配备多种拦截导弹,实现用一套系统打击多类型目标的意图。S-500 在技术上注重对多类型拦截弹的兼容,除新研发的 40N6M、77N6-N 和 77N6-N1 拦截弹外,还可发射 S-400 系统的 40N6、48N6 系列和 9M96 系列拦截弹,用于打击固定翼飞机、弹道导弹、处于飞行路径最后阶段的分导核弹头以及低轨道空天目标等多类型目标,作战覆盖范围包括近程、中程和远程,作战高度覆盖低空、中空和高空,并首次实现跨大气层内外空天防御能力。其中,77N6-N 和 77N6-N1 两型新研拦截弹具备动能碰撞杀伤技术,有效增强其反导反卫能力。

(二)聚焦模块化、分布式发展模式,提升体系灵活性与抗毁性

面对未来防空反导作战的不同任务需求,俄军在 S-500 系统研发中大量采用模块化技术,可以在地下发射设施、车辆、舰船等多种平台上分布式部署,令该系统可通过态势感知、火力打击和战术指挥系统系列化模块进行灵活配置。以其探测系统为例,S-500 系统的探测系统由 4 部雷达组网而成,抗毁能力强,组网后的雷达系统将数个雷达子阵进行分布式配置,并升级干扰技术对敌方来袭导弹实施诱骗。同时，个别雷达子阵受到打击后，整个雷达系统仍能正常工作。这些技术有效扩大了 S-500 的灵活性与抗毁性，令对手需要投入更多资源遂行防空压制任务，有效强化防空反导作战能力。

（三）远中近防空系统一体化部署，提升重要战略要地纵深防御可靠性

针对日益复杂多变的空天进攻体系，远中近程防空系统一体化是实现最佳防御效能的有效途径。防空反导作战中，各单元间的数据融合和协同作战已经成为主要军事强国提升体系作战能力的重要手段，并重视与战场各作战单元的跨域协同能力，为部署 S-500 "普罗米修斯"防空系统，"铠甲"-SM 弹炮合一防空系统并入 S-500 统一防空体系。"铠甲"将保护 S-500 免受敌方巡航导弹和无人机的攻击，形成梯次配置防御体系。S-500 和"铠甲"一体化作战单元将与 A-235 "努多利"、S-400 和 S-350 系统有效融合，建立远中近搭配、高中低部署空天一体防空反导体系。

三、结束语

（一）S-500 将推动俄罗斯防空反导体系能力的整体跃升

S-500 在世界上率先创建了多型导弹、多种任务模式、梯次防御部署一体化兼具防御高超声速武器能力的防空反导防天反卫系统。不同于美国分立式系统覆盖不同火力半径的设计理念，S-500 系统在设计及研发中在 S-400 系统的基础上做了大量继承和改进，并充分考虑了与现有俄军防空反导装备的协同交互。S-500 系统可以在战场中直接指挥 S-400、S-350 等现役装备，令该系统在一定程度上成为区域防御的指挥中枢，将带动俄罗斯防空反导体系能力的整体跃升。

(二) S-500 服役将持续提升俄罗斯对太空目标的打击能力

太空能力已经成为美军现有作战体系不可或缺的一环,在导弹防御天基预警探测和对地目标持续侦察监视方面对天基平台的依赖不断加深。同时,美国在 2020 年成立太空军,并积极谋求利用太空轨道飞行器作为平台,发展天对地打击武器,因此,俄罗斯必须采取反制措施。目前,在俄罗斯的反卫星项目中,有 A-235 导弹系统和"佩列斯韦特"激光武器系统。随着 S-500 导弹的加入,俄罗斯的反卫星能力将得到进一步提升。S-500 系统兼容其他地空导弹系统多种型号、多种用途的导弹并可完成多种任务。S-500 系统新型远程拦截弹,作战距离可达 700 千米,最大飞行速度超过马赫数 9,可有效保证全空域防空反导防天的作战需求。

(三) S-500 系统将成为俄罗斯应对高超声速目标的骨干装备

当前,世界军事强国在高超声速武器技术领域竞争愈加激烈,美军启动多个高超声速武器项目研发,空军 AGM-183A "空射快速响应武器"已经开展多次试射,陆军"暗影"高超声速导弹已经完成首个作战连的地面设施交付,预计 2022 年进行飞行测试,美军快速发展高超声速能力必将对俄罗斯构成极大的防御压力。为此,俄罗斯在开发 S-500 时就充分考虑了该型装备对高超声速目标的拦截能力。未来,S-500 能否具备可靠可信的高超声速防御能力,将成为美俄战略博弈的重要影响因素。

(北京航天情报与信息研究所　张帅)

俄罗斯"首领"防空自动化指挥系统技术特点分析

近日,俄罗斯《军工信使》网站报道,新式野战防空指挥系统"首领"完成国家测试(图1),并列入俄罗斯军队2021年采购清单,开始批量生产。新式战术级野战防空指挥系统"首领"是在"巴尔瑙尔"-T防空自动化指挥系统的基础上研制完成的,主要用于空中侦察和指挥协调陆军、空降兵的防空系统作战,可以集成到未来多个防空导弹系统构成的防空体系中,将有效提高俄军野战防空系统防御高精度制导武器和多用途无人机的能力。

图1 "首领"防空自动化指挥系统

一、基本情况

当前,俄军野战防空导弹武器系统主要是 S–300V、"布克"、"黄蜂"–AKM、"道尔"地空导弹系统,"通古斯卡"和"铠甲"弹炮结合防空系统,"针"式系列便携式防空导弹系统。支持防空作战的战术级防空自动化指挥系统主要是"林中旷地""贝加尔""基座""83M6E"和"巴尔瑙尔"–T 等。

随着俄美博弈日益激烈,美军精确制导武器、无人航空作战平台、第五代战机以及高超声速武器等新式空袭武器不断投入使用,俄军地面野战防空将面临更为严峻的挑战。在研发新型防空导弹系统、提升拦截能力的同时,俄军积极发展反应迅速、能力强大的战术级野战防空自动化指挥系统。"首领"系统是俄军正在研制并即将投入使用的最新型战术防空自动化指挥系统,在 2009 年开始列装的"巴尔瑙尔"–T 防空自动化指挥系统基础上,进行了现代化升级。

"巴尔瑙尔"–T 防空自动化指挥系统可与俄罗斯陆军的所有类型防空导弹系统和雷达系统兼容并协同作战,可在任何战斗条件下有效保证通信和数据交换,提高防空兵战术分队对各种力量和武器装备的指挥效率、协调行动能力、机动能力和生存能力。与上一代指挥系统相比,"巴尔瑙尔"–T 自动化指挥系统情报信息搜集和处理时间缩短到原来的 20%~30%;目标捕获、跟踪和显示数量由 80 个增加到 255 个;可相互协调作战单位由 7 个增加到 14 个;装备种类由 12 种增加到 51 种;具备对弹道目标和多用途无人机进行目标指示和分配能力,同时将每次命中目标的导弹成本减少 30%。

"首领"防空自动化指挥系统作为"巴尔瑙尔"–T 系统的升级版,主要用于装备机械化步兵旅和坦克旅的防空分队(图 2)。"首领"系统可快速统一地进行目标选择和分配；准确识别所有来源空中态势信息，跟踪给定数量目标；对适配发射位置使用最低数量火力的优化选择；实现射击管理和火力单位分配自动化；实现不同类型防空系统实时指挥与控制；与其他空中侦察、控制和通信系统信息共享。

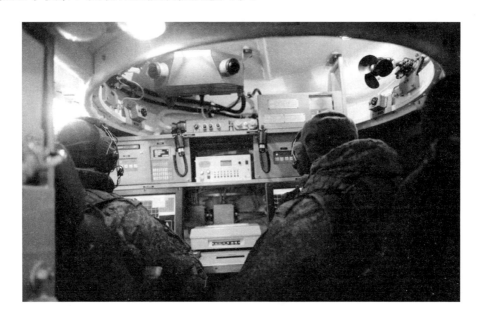

图 2 "首领"系统内部

二、技术特点

"首领"战术防空自动化指挥系统可以实现侦察手段、防空指挥和火力杀伤的网络化和智能化，满足现代防空作战高效预警、快速决策、及时响应的需求，进一步提升近程防空系统作战能力。

（一）具有更强的探测预警和整体协调指挥能力

"首领"防空自动化指挥系统采用了一个独特的光电站，建立了包括各种空中目标光学特征和自然干扰辐射特征的数据库，能够自动探测、识别和跟踪空中目标。"首领"防空自动化指挥系统还包括一个小型雷达探测器，提高了雷达探测能力，测量精度高。俄罗斯技术国家集团强调，小型雷达探测器架构设计超越目前使用的所有雷达探测设备，能够与所有防空设施和雷达站实时通信。"首领"防空自动化指挥系统的统一控制模块采用了一个新型空中侦察设备，由光电站、远程光电监视装置、小型雷达探测器和无线电技术侦察站组成，可满足现代空中目标探测对距离和精度的要求。"首领"防空自动化指挥系统与防空导弹系统的指控挥系统结合，增加了对精确制导武器和先进无人作战飞机的防御能力。

（二）支持防空系统实现体系化和网络化作战

"首领"防空自动化指挥系统可实时收集、分析、共享各侦察源情报，形成统一信息空间，对防空兵器实施自动指挥和控制；构建统一的空中目标雷达侦察网，上下级指挥所共享情报信息，即使部分防空分队瘫痪，也不影响整体侦察效果；建立统一的目标分配和目标指示体制，为每个火力单元分配最适宜射击的空中目标，合理使用作战资源，最大限度节约防空火力，作战武器部署任务时间不超过 1 秒。"首领"防空自动化指挥系统实现对各种型号防空系统的统一指挥和协同作战，系统的所有模块能够与俄军各类防空指挥所兼容，具备替代指挥能力。

（三）具有高机动性，战场生存能力强

"首领"防空自动化指挥系统将情报与控制模块集成到履带式两栖车或装甲车底盘，在战术级别利用自动化设备，具有高度的机动性和隐蔽性。"首领"防空自动化指挥系统使用的软件和技术解决方案可以更有效地对抗现有和未来的敌方空中攻击手段，在设计统一控制模块时，特别注重提高防空编组的隐身性和生存能力。

三、未来展望

为满足未来防空作战多系统协同、一体化作战的需求，俄军将在"首领"防空自动化指挥系统基础上，加速发展多任务能力、自动化程度高、具备智能化的战术防空指挥系统。

一是强化跨军兵种和跨武器平台的联合作战能力，提高防空体系作战效能。"首领"防空自动化指挥系统将情报搜集、目标指示、火力分配、作战指挥等作战程序融为一体，确保俄军各型防空武器系统在全军战术指挥网统一指挥下实施联合作战，极大提高防空体系作战效能。

二是提升俄军防空作战多任务能力。"首领"防空自动化指挥系统可实现战术防空的自动化指挥。实现战斗队形的密度计算，完成便携式防空导弹系统和其他防空导弹系统的目标实时分配，在作战区域进行不间断侦察、情报交换和行军中指挥，有效提升打击精确制导武器和先进无人作战飞机能力。

三是推进俄军防空指挥系统体系化、网络化和智能化建设。与美军相比，俄军防空自动化指挥系统更加侧重系统的整体设计，系统间信息共享和电子战能力。俄军认为，战术级防空指挥系统是军队信息化建设的关键，发展趋势强调机动性、体系化、网络化和智能化建设。系统装备部署在野战车辆，利用数据链路使战略防空和战术防空实现一体，各作战单元在动态战场上通过战术互联网互联互通，实现作战指挥、战场侦察、火力打击、对空防御、综合保障的集成与融合。

（北京航天情报与信息研究所　张帅）

俄军新型防空雷达"叶尼塞河"技术特点分析

2021年5月,俄罗斯《军事观察》报道称俄罗斯防空部队列装前景广阔的多功能雷达"叶尼塞河"。该雷达充分兼容S-400和S-500防空导弹系统,采用主动和被动双模有源相控阵数字雷达,与S-400"凯旋"系统所用雷达不同的是,新雷达专门为探测近太空目标而设计,能够全自动长时间连续工作,在反制干扰和跟踪高超声速目标技术方面取得突破,有望大幅提升俄军空天防御整体作战水平。

一、基本情况

2010年,金刚石-安泰空天防御集团的年度报告中首次披露新型雷达"叶尼塞河"的信息。2014年,利亚诺索夫机电厂完成雷达设计工作,但没有提供任何细节。2018年4月俄罗斯第一频道报道阿舒鲁克靶场防空演习,首次公开展示了"叶尼塞河"超级雷达。2021年5月,"叶尼塞河"雷达列装防空部队。

俄罗斯官方对"叶尼塞河"雷达信息披露较少。俄罗斯方面只在2018

年公开展示过"叶尼塞河"雷达的视频图像。外形上看,"叶尼塞河"雷达类似于 S-400 系统的 96L6E 全高度雷达,基于四轴底盘和类似的布局,运载平台配备全旋转天线装置和设备舱,两种雷达采用不同结构的天线。2018 年演习视频中,新雷达旁边有两辆用途不明的半拖车,不知是否包括在新系统中。"叶尼塞河"雷达配备有源相控阵天线,行军状态时水平放置在设备舱上方;展开状态上升到必要的角度。天线装置能够旋转以提供圆周扫描或在指定扇区工作。外观上,"叶尼塞河"雷达类似 96L6E 雷达,但有显著的区别;天线分为两个不同尺寸的区域,顶部有一个未知用途的附加单元,底部装有封闭单元,而不是开放式格栅天线。演习中,"叶尼塞河"与其他雷达系统一起,稳定保障了 S-400 防空导弹系统的工作。

二、技术特点

"叶尼塞河"雷达与现有防空系统完全兼容,可以补充俄军现有空天防御体系,提高整体作战能力。"叶尼塞河"雷达是未来 S-500 防空系统的重要组成部分,其在雷达体制、探测能力及环境适应性方面,存在以下几个主要技术特点。

(一)雷达工作体制

"叶尼塞河"雷达系统为有源相控阵数字雷达,采用主动和被动双模工作模式。主动模式传输探测信号,探测距离远,探测精度高,电子对抗能力强,有效提高雷达目标指示准确性。在敌方采用干扰环境下,雷达采用被动工作模式,按照无线电侦察原理工作,接收和处理外来信号,但向外部发出辐射信号。被动工作模式下,雷达依然可以向防空火力系统发出目标指示信息。雷达可以区分直升机和飞机、导弹和无人机,可以对干扰程度做出反应，并与干扰功率成正比提高自身精度，使无线电干扰战术几乎完全失效。

（二）探测目标类型和能力

作为一种多功能系统，"叶尼塞河"能够探测和跟踪射程600千米、高度100千米的空气动力和弹道目标，可以按扇形区工作，而不是只按圆周扫描。扇扫功能（大多数雷达只能进行圆周扫描）能够探测跟踪高超声速目标和弹道导弹，并为反导系统提供目标指示，连续和持久的扇区扫描将显著提高反导系统的效率。"叶尼塞河"不仅跟踪敌方目标，而且可以跟踪自己目标，同时探测跟踪到目标和被摧毁导弹数据，这一功能可以用来评估防空导弹部队的作战效能。雷达地面机动能力强，行军状态转战斗状态的时间不超过5分钟，可以快速摆脱反辐射导弹的打击，战斗值班时间长。

（三）环境及场景适应性

此外，"叶尼塞河"雷达能够有效地对抗"天使"大气现象。该现象主要出现在水面上，并以大量假目标的形式引起雷达探测和导弹制导站显示器屏幕的强烈照明，雷达使用特殊算法创建了有效的保护。"叶尼塞河"雷达还配备专门系统，可以自动区分敌我和武器类别。此外，雷达定位器还有一个辅助通道，用于在统一的空中交通管制系统中工作，能够获得有关民用飞机的完整信息。

三、未来展望

（一）提升S-400系统打击隐身和远程目标能力

相对于探测距离300~400千米、高度100千米的S-400防空系统跟踪雷达96L6E，"叶尼塞河"探测距离达600千米、高度达100千米，反应时间更短，可以提升防空导弹系统打击远程目标的能力。同时，雷达通过连续长时间扇形扫描方式，对雷达散射面积为 0.003 米^2 的目标最大探测距离可达 160 千米。美军公布的数据显示，F-35 战机的雷达散射面积为 0.25 米^2、F-22 战机为 0.05 米^2、隐身性能出色的 B-2 战略轰炸机雷达散射面积为 0.01 米^2。显而易见，"叶尼塞河"雷达对美军现役的隐身飞机皆具有较高的探测能力，将有效支持 S-400 系统打击隐身目标。

（二）为 S-500 系统列装并快速形成作战能力提供支撑

"叶尼塞河"雷达是专门为探测近太空目标而设计的多功能雷达系统，一旦与列装后的 S-500 系统形成作战能力后，可以有效探测跟踪中程弹道导弹和飞机等目标，还可以探测太空目标，提升 S-500 系统的探测范围，扩展导弹的拦截作战距离，使 S-500 系统形成防御弹道导弹能力，同时对美军太空低轨道目标形成威慑。

（三）支持俄罗斯发展防御高超声速武器能力

在常规力量方面，俄罗斯与美国之间存在明显的差距。为扩大优势，保持战略威慑力，俄罗斯大力发展高超声速武器攻防能力。在拥有"锆石""匕首""海燕"高超声速武器后，开始列装"叶尼塞河"雷达，实现对高超声速目标的探测跟踪能力，支持俄罗斯用军事硬实力抵消美欧国家战略挤压的预想。

（北京航天情报与信息研究所　张帅）

北约"强大盾牌"防空反导系列演习

2021年5月15日至6月3日，美国和北约盟国在英国赫布里底靶场和挪威安德亚靶场举行"海上演示/强大盾牌2021"一体化防空反导实弹演习。此次演习将2021年度"海上演示"与"强大盾牌"两场演习集成，旨在评估美国与盟国的防空反导互操作性，提高联合防御亚声速、超声速和弹道导弹威胁的能力。

一、"强大盾牌"演习概述

"强大盾牌"演习是北约每两年举行一次的一体化防空反导实弹演习，旨在验证北约的一体化防空反导能力，增强各国共享战术和态势感知信息、进行任务规划和交战协调的能力。截至目前，"强大盾牌"演习共举行了三次，分别为2017年、2019年和2021年。

"强大盾牌2017"演习于2017年9月24日至10月18日在英国赫布里底靶场举行，美国、比利时、加拿大、丹麦、法国、德国、意大利、荷兰、西班牙、英国等10个国家的14艘舰船、10架飞机和大约3300名人员参与。此次演习使用北约指挥控制报告结构和数据链架构,提高美国与盟国的一体化防空反导互操作性。参加演习的美国舰艇包括"阿利·伯克"级导弹驱逐舰"唐纳德·库克"号、"米切尔"号、"温斯顿·丘吉尔"号和"路易斯·克拉克"级干货船"梅德加·埃弗斯"号。演习中,联合部队成功拦截了一枚弹道导弹和三枚反舰巡航导弹。其中,"阿利·伯克"级导弹驱逐舰"唐纳德·库克"号成功探测和跟踪了一枚中程弹道导弹,并发射一枚"标准"-3 Block IB 导弹将其拦截。与此同时,西班牙"阿尔瓦罗·巴赞"号护卫舰、荷兰"特隆姆普"号护卫舰向来袭反舰巡航导弹发射了改进型"海麻雀"导弹。

"强大盾牌2019"演习于2019年5月7日至5月19日在英国赫布里底靶场举行,美国、比利时、加拿大、丹麦、法国、德国、意大利、荷兰、挪威、波兰、西班牙、英国等12个国家的13艘舰船、10多架飞机和大约3300名人员参与。演习旗舰为丹麦"阿布萨隆"号护卫舰。此次演习的重点是提高北约一体化防空反导作战能力,特别是在情报共享以及武器装备互操作方面。来自加拿大、丹麦、法国、意大利、荷兰、挪威、西班牙、英国和美国等9个国家的舰船,在演习中十余次针对亚声速、超声速和弹道导弹目标成功进行实弹和模拟拦截试验。这次演习的目标非常明确,就是指向俄罗斯。虽然北约强调演习是针对伊朗的导弹威胁,但伊朗的导弹对欧洲并不构成威胁。因此,此次演习是为了向俄罗斯展示北约一体化防空反导能力。英国是美国在北约防空反导情报的汇集中心,在英国举行这样的防空反导演习,对兵力的集中、情报的收集共享都较为方便。同时,通过一系列演习,展示了北约是一个强大的军事组织。英国虽然脱欧,但是没有脱离北约的趋势,也在一定程度上彰显北约内部的"团结"。

二、"强大盾牌 2021"演习基本情况

"强大盾牌 2021"演习中,共有来自美国、比利时、丹麦、法国、德国、意大利、荷兰、挪威、西班牙、英国等 10 个北约国家的 16 艘舰艇、31 架飞机和约 3300 名作战人员参加。此次演习由美国导弹防御局、美国第六舰队、海上战区导弹防御论坛共同组织,美国第六舰队领导,北约海军打击与支援部队执行,海上战区导弹防御论坛运营。西班牙"哥伦布"号护卫舰是此次演习的旗舰。此次演习内容主要包括防空反导、精确打击、作战支持等。

(一)防空反导演习

超声速和亚声速巡航导弹拦截。意大利"马塞利亚"号护卫舰、英国"飞龙"号防空驱逐舰和法国"福尔班"号防空护卫舰发射"紫菀"-30 导弹拦截超声速和亚声速目标。其中,法国"福尔班"号发射"紫菀"-30 导弹成功拦截了一个飞行速度超过 3000 千米/小时的超声速目标(据报道,可能是 GQM-163A"土狼"超声速掠海飞行靶弹)。西班牙"哥伦布"号导弹护卫舰、挪威"南森"号导弹护卫舰和荷兰"七省"号护卫舰发射了改进型"海麻雀"导弹。美国"罗斯"号导弹驱逐舰发射"标准"-2 导弹对亚声速目标进行了拦截。驻扎在英国莱肯希思基地的美国第 48 战斗机联队的 F-15E/C"打击鹰"作为部分靶弹的发射平台,协助完成了此次演习。

互操作反导。演习部队从赫布里底靶场发射了两枚弹道导弹靶弹,荷兰"七省"号护卫舰使用"SMART-L"雷达对弹道导弹威胁进行弹道预警。收到弹道信息后,美国"伊格内修斯"号导弹驱逐舰进行计算并发射

两枚"标准"–3 Block IA 导弹，成功进行拦截。这是将盟友的传感器集成到美军防空反导系统中的一个重要里程碑。

防空反导综合试验。美国"罗斯福"号导弹驱逐舰发射了一枚"标准"–3 和两枚"标准"–2 导弹对中程弹道导弹靶弹和亚声速目标进行双层拦截试验。

人工智能系统运用。英国"飞龙"号驱逐舰、"兰卡斯特"号护卫舰利用人工智能和机器学习程序进行防空实验。来自英国国防科学与技术实验室和相关技术公司的专家测试了"Startle"和"Sycoiea"系统。"Startle"系统通过提供实时警报和建议，减轻海军作战人员监控空中图像的负担。"Sycoiea"系统以此为基础，利用自动化平台进行部队威胁评估和火力分配，有效识别来袭导弹并提供最佳打击方案，能够比最有经验的作战人员更快地应对威胁。

（二）精确打击演习

"鱼叉"导弹反舰作战。美国第六舰队的 P–8A"波塞冬"巡逻机与第四和第四十巡逻中队协作发射两枚"鱼叉"空面导弹打击挪威海岸附近的一艘靶船。丹麦"休特菲尔德"号导弹护卫舰和荷兰"七省"号护卫舰发射"鱼叉"导弹进行反舰打击。

海军陆战队近海打击。美国海军陆战队第 24 远征部队在欧洲进行了首次车载精确制导火箭系统"海玛斯"发射。北约进一步将美国海军陆战队纳入海上和近海联合作战行动中，并计划运用其战略运输能力。

（三）作战支持

北约的"机载预警和控制系统"侦察机提供了空中监视能力并确保演习空域安全。位于德国拉姆施泰因的北约联合空中司令部的弹道导弹防御作战中心在弹道导弹防御作战期间提供了指挥控制。美国国民警卫队俄亥俄州第 121、缅因州第 101 和艾奥瓦州第 185 空中加油联队的 KC-135 加油机为战斗机和预警机提供了空中加油支持。

三、几点认识

（一）"强大盾牌"不断创新一体化防空反导作战模式

为强化一体化防空反导能力，近年来北约进一步加强了其一体化防空反导作战能力演练，以确保其保持灵活性和适应新兴威胁的能力。在"强大盾牌 2021"演习中，北约增加了精确打击演习内容，并进一步将美国海军陆战队纳入海上和近海联合作战行动中，将被动的海上防守来袭目标的方式转变为攻防对抗的方式。这种转变需要多国、多兵种间协作能力，此次演习为这一转变迈出了坚实的一步。而且英国利用人工智能技术优化了防空预警监测和火力分配能力，可将"人在环路中"模式转变为"人在环路上"，优化杀伤链，提升杀伤链闭合速度，提升作战效能。

（二）"强大盾牌"是美军演练与盟友导弹防御互操作性的有效平台

美军部署一个一体化程度更高的导弹防御系统，取决于与盟友和伙伴之间在实现互操作性方面取得的持续进展。随着美国盟友的导弹防御能力的提升，加强导弹防御系统的互操作能力有助于在应对导弹攻击时做出更有效的协同反应，提高拦截概率，且可在一定程度上减少美军的装备研制成本。提升与盟友的互操作性一直是"强大盾牌"的主要目标之一，并于"强大盾牌 2021"取得了突破。该演习中，美国海军利用荷兰皇家海军舰载雷达，进行"标准"-3 Block IA 导弹"远程发射"试验并取得成功。此次试验展示了美国将盟国的反导系统与己方反导系统有效整合的能力。这种具有高技术水平的互操作能力，将成为北约一体化防空反导的关键。

（三）高性能靶弹是"强大盾牌"演习的关键要素

为了验证作战能力，并收集数据支持后续的评估工作，需要在防空反导作战试验中提供有效的靶弹及对抗措施。美军始终致力于开发高质量、有代表性的、具有系统严谨性的靶弹解决方案，使防空反导系统性能能够得到验证，以证明其在相关威胁环境中的有效性。在"强大盾牌2021"演习中，美国海军水面战中心及白沙导弹靶场分遣队，提供了"'宙斯盾'战备评估飞行器B组"（ARAV-B）、"探路者僵尸"、GQM-163"郊狼"等多种靶弹，分别用于在演习中模拟弹道导弹、超声速巡航导弹等威胁目标。这些先进、多样的靶弹之间的协调发射，有效构建了设想的威胁场景，为演习提供了有力的支撑。

四、结束语

"强大盾牌2021"演习为北约主要成员国一体化防空反导能力形成与提升提供了支撑，有助于应对潜在对手的"反介入/区域拒止"作战行动。美国将继续鼓励北约盟友改进其防空反导系统能力，投资拦截弹和传感器，扩大数据分享和集成，以及采取其他恰当步骤对抗现有及预想的弹道导弹和巡航导弹威胁，并提升其与美国系统的集成和互操作性。

（北京航天情报与信息研究所　姜源）

美国连续开展海基末段反导齐射拦截试验

2021年5月和7月，美国连续两次进行实战环境下海基末段反导拦截试验，使用"标准"-6 Dual 2导弹齐射拦截弹道导弹。其中5月的试验使用两枚该型号导弹拦截一个中程弹道导弹目标，未获得成功；7月的试验使用4枚该型号导弹拦截两个近程弹道导弹目标，部分成功，这是迄今为止导弹防御局执行的最复杂的海基末段反导拦截试验。两次试验是"海基末段弹道导弹防御"（SBT）计划的一部分，该计划是由美国海军和导弹防御局提出的，主要由"宙斯盾"弹道导弹防御系统及"标准"-6导弹组成，旨在为水面舰艇提供一种在大气层内拦截弹道导弹的能力。两次试验表明，美国正加紧提升海基末段弹道导弹防御能力，其发展动向值得高度关注。

一、试验情况

2021年5月29日，美国进行"标准"-6 Dual 2导弹拦截中程弹道导弹试验（FTM-31 E1），齐射2枚"标准"-6 Dual 2导弹拦截1枚中程弹道导弹靶弹，但未获得成功；7月24日，美国进行"标准"-6 Dual 2导弹拦截近程弹道导弹试验（FTM-33），齐射4枚"标准"-6 Dual 2导弹拦截2枚近程弹道导弹靶弹，成功拦截了其中一个目标，另一个目标的拦截情况未公布。此次测试原定于2020年12月进行，因受新冠疫情影响推迟到现在。

截至目前，美国共进行5次海基末段弹道导弹拦截试验，其中3次完全成功，1次部分成功，1次失败。在美国进行的海基末段弹道导弹拦截试验中，"标准"-6 Dual 1导弹成功进行3次拦截试验，靶弹为近程弹道导弹（1次）和中程弹道导弹（2次）；"标准"-6 Dual 2导弹进行2次拦截试验，靶弹为中程弹道导弹（1次，失败）和近程弹道导弹（1次，部分成功）。美国海基末段弹道导弹拦截试验情况如表1所列。

表1 美国海基末段弹道导弹拦截试验情况

序号	试验时间	试验代号	参试装备	试验情况	试验结果
1	2015年7月29日	MMW E1	1枚近程弹道导弹靶弹；1枚"标准"-6 Dual 1导弹；"约翰·保罗·琼斯"号驱逐舰	发射1枚"标准"-6 Dual 1导弹拦截1枚近程弹道导弹，是"标准"-6 Dual 1导弹的首次飞行试验和拦截试验	成功
2	2016年12月14日		1枚中程弹道导弹靶弹；2枚"标准"-6 Dual 1导弹；"约翰·保罗·琼斯"号驱逐舰	齐射2枚"标准"-6 Dual 1导弹拦截1枚中程弹道导弹靶弹，是"标准"-6 Dual 1导弹首次拦截中程弹道导弹	成功

续表

序号	试验时间	试验代号	参试装备	试验情况	试验结果
3	2017年8月30日	FTM-27 E2	1枚中程弹道导弹靶弹；2枚"标准"-6 Dual 1导弹；"约翰·保罗·琼斯"号驱逐舰	齐射2枚"标准"-6 Dual 1导弹拦截1枚中程弹道导弹靶弹，是"标准"-6 Dual 1导弹第二次拦截中程弹道导弹	成功
4	2021年5月29日	FTM-31 E1	1枚中程弹道导弹靶弹；2枚"标准"-6 Dual 2导弹；"拉尔夫·约翰逊"号驱逐舰	齐射2枚"标准"-6 Dual 2导弹拦截1枚中程弹道导弹靶弹，是"标准"-6 Dual 2导弹第一次拦截中程弹道导弹	失败
5	2021年7月24日	FTM-33	2枚近程弹道导弹靶弹；4枚"标准"-6 Dual 2导弹；"拉尔夫·约翰逊"号驱逐舰	齐射4枚"标准"-6 Dual 2导弹拦截2枚近程弹道导弹靶弹，是"标准"-6 Dual 2导弹第一次拦截近程弹道导弹	其中一枚靶弹被成功拦截，另一枚结果未知，推测未成功

二、发展特点

"海基末段弹道导弹防御"计划分两个阶段实施。第一阶段主要是通过对库存"标准"-2 Block 4导弹进行改进，满足美国海军应急型海基末段防御需求；第二阶段主要是通过发展"标准"-6 Dual导弹实现海基末段反导。美国已经放弃对第一阶段的投入，着力发展第二阶段能力。目前，

"标准"-6 Dual 2 导弹正在进行试验鉴定,预计很快进行采购和部署。

(一)基于现有装备技术,采用分阶段模式发展海基末段导弹防御系统

海基末段导弹防御系统,无论是"标准"-6 导弹还是"宙斯盾"系统,都是基于现有装备,逐步迭代发展的。"标准"-6 导弹总体上沿用了标准系列导弹的外形设计、动力装置和战斗部,另外还采用了 AIM-120 "先进中程空空导弹"的主动雷达导引头,末制导段可不依靠发射舰的雷达与远程目标交战,或与超过照射雷达作用距离的目标交战。"宙斯盾"系统最初的功能是用于防空,后来重点发展反导能力,之后发展防空反导一体化能力。"宙斯盾"基线 9 系统是最新版本,利用"多任务信号处理器"将反导与防空的信号处理集成在一块芯片上,使装有"宙斯盾"系统的舰艇具有多任务并行处理能力,使美国海军"宙斯盾"巡洋舰和驱逐舰具备防空反导一体化作战能力。

(二)采用先易后难、先简单后复杂的试验模式,不断推动海基末段导弹防御系统能力提升

从海基末段导弹防御系统的试验情况来看,每个型号都是先进行简单场景试验,后进行复杂场景试验。其中,"标准"-6 Dual 1 导弹先后成功进行一次对近程弹道导弹的"一拦一"试验和两次对中程弹道导弹的"二拦一"试验。"标准"-6 Dual 2 导弹先进行一次对中程弹道导弹的"二拦一"试验,未取得成功;后进行一次对近程弹道导弹的"四拦二"试验,取得部分成功。预计今后美国仍会针对"标准"-6 Dual 2 导弹开展相关拦截试验。

(三)以作战需求为牵引,推动"标准"-6 向防空反导、反舰、反高超等多用途方向发展

美军以作战能力为中心、以作战需求为牵引、以技术创新为推动力,发展出具备多种能力的"标准"-6 导弹。"标准"-6 导弹的基本型为

"标准"-6 Block 1，具备超视距防空能力。随着威胁目标不断发展，"标准"-6 导弹逐渐发展改进，目前已形成多种型号，包括反舰型"标准"-6 Block 1A、反导型"标准"-6 Dual 1/2 和反高超型"标准"-6 Block 1B。其中，"标准"-6 Dual 1 导弹增加了一个功能更强、可运行先进目标指示软件的新型处理器，具备海基末段反导能力。"标准"-6 Dual 2 导弹是"标准"-6 Dual 1 的升级型，更换了直径更大的双推力火箭发动机，具备更强的海基末段反导能力。"标准"-6 Block 1B 导弹是"标准"-6 的增程型，是美国海军计划发展的型号，用于防御高超声速助推滑翔弹头。该导弹在"标准"-6 Block 1A 导弹的基础上将增加新型固体推进剂火箭发动机、新型控制舵组件以及改进型控制翼，导弹最大作战距离有望增至 560～800 千米。

三、几点分析

（一）"标准"-6 导弹是加速提升美国海基导弹防御能力的关键

"标准"-6 导弹可对采用下降弹道的中近程弹道导弹进行拦截，将显著提升对手弹道导弹攻击难度，降低对手弹道导弹突防效果。"标准"-6 导弹还可与"标准"-3 导弹共同作战，形成分层拦截体系，可有效提升拦截战区级弹道导弹的能力，降低作战成本。同时，"标准"-6 导弹还能够对空中目标以及水面目标进行打击。另外，"标准"-6 Block 1B 导弹作为美国第一款在研的海基反高超声速武器导弹，将以现有装备和技术为基础，快速形成作战能力，未来将抵消俄罗斯快速发展的高超声速武器对美国形成的不对称优势，打破大国间的战略平衡。

（二）美国海基中段和末段双层反导能力持续提升

"宙斯盾"弹道导弹防御系统是美国导弹防御局和海军在"宙斯盾"系统的基础上研发的弹道导弹防御系统，主要用于防御近程、中程和中远程弹道导弹，采用"标准"-3进行中段拦截，"标准"-6进行末段拦截。近年来，美国利用"标准"-6 Dual 导弹已经完成5次海基末段弹道导弹拦截试验，表明美国已初步具备对中近程弹道导弹的海基末段防御能力，正加速提升实战化作战能力。"标准"-3 Block 1A 和"标准"-3 Block 1B 导弹已于2013年研制完成并投入部署，已具备对中程和中远程弹道导弹的海基中段防御能力。后续随着"标准"-6 Dual 2 和"标准"-3 Block 2A 导弹的研发完成和投入部署，美国将具备更强的海基中段和末段拦截能力。

（三）美国加速提升一体化防空反导能力，抵消对手"反介入/区域拒止"能力

随着"标准"-3 Block 2A 导弹和"标准"-6 Dual 2 导弹的研制完成和投入部署，美国海基双层反导和一体化防空反导能力将得到进一步提升。"宙斯盾"基线9采用更完善的开放体系结构，将"宙斯盾"弹道导弹防御5.0版本与"标准"-3/6导弹集成到"宙斯盾"系统中，实现海基中段与末段双层反导拦截；采用"多任务信号处理器"信号处理芯片，使"宙斯盾"系统具备防空反导一体化作战能力；借助"海军一体化防空火控"系统，利用其提供的远程平台外网络化传感器跟踪数据，使"宙斯盾"系统首次实现超视距远程防空与末段反导一体化作战。"宙斯盾"系统和"标准"导弹将成为美国抵消对手"反介入/区域拒止"能力的核心装备。按照美国海军计划，"宙斯盾"系统在形成防空反导一体化作战和"远程发射"能力后，未来将与分布在陆、海、空、天的更多系统协同，实现"远程交战",扩大防御区域,应对射程更远的弹道导弹和巡航导弹,持续提升美国海军舰队特别是航空母舰编队的导弹防御能力,直接降低对手反舰导弹攻击体系的作战效能。

(北京航天情报与信息研究所 刘杰)

美国首次进行"地基拦截弹"新型助推器飞行试验

2021年9月12日,美国导弹防御局成功进行"地基拦截弹"二/三级可选助推器的飞行试验。本次试验是这种新型助推器的首次飞行试验,验证了该助推器在二级模式下的工作性能。二/三级可选助推器可进一步拓展"地基拦截弹"的交战空间,为美国延长"地基中段防御"系统使用时间、确保国土防御能力提供重要支撑。

一、试验情况

本次试验名称为地基中段防御助推器飞行试验-03,代号为 GM BVT-03,主要使用了位于太平洋海域、美国本土加利福尼亚州和科罗拉多州的导弹防御资产。GM BVT-03旨在验证二/三级可选助推器的工作性能,为降低试验成本,"地基拦截弹"并未搭载真实的"外大气层杀伤器",而是以实物模型替代。

试验中,"地基拦截弹"从加利福尼亚州的范登堡空军基地发射,第一级助推器燃尽后，第二级助推器点火，并将"外大气层杀伤器"的实物模型送至分离点。分离后，"外大气层杀伤器"的实物模型在弹道上飞行了一段时间，随后在再入期间解体。同时，第二和第三级助推器在重返大气层时也解体。

本次试验证明了二/三级可选助推器的工作原理与设计完全一致，系统性能符合设计要求。试验中，二/三级可选助推器以二级助推模式工作，即第三级助推器并未点火，提前释放了"外大气层杀伤器"的实物模型。这种新型助推器可选择二级、三级两种助推模式，可扩大"地基中段防御"系统的拦截作战空间，为作战人员在执行国土防御任务时提供更大的灵活性。

二、发展特点

（一）制定明确的技术发展路线，分阶段实施系统能力升级计划

目前，美国"地基拦截弹"采用的助推器为轨道 ATK 公司（现已被诺斯罗普·格鲁曼公司收购）研制的 OBV 助推器，现已发展了 C1、C2 和 C3 三种型号。发展期间，美国导弹防御局为 OBV 助推器制定了分阶段改进计划，并明确了技术发展路线（表1）。"地基拦截弹"最初装备的 OBV 助推器为 C1 型，继承了"飞马座""金牛座"与"米诺陶"火箭助推器的设计；后续 C2 型助推器除升级了系统可靠性外，重点改进了助推器的航电系统；新型 C3 助推器为二/三级可选助推器，可为导弹防御拦截作战提供更多的交战时间和空间。目前，美国导弹防御局正在推进 C3 型助推器的研试部署，预计 C1、C2 型助推器将继续使用至 2024—2025 年。

表1 "地基拦截弹"助推器发展技术路线表

时间	2004年	2016年	2020年
型号	C1（继承型）	C2（设计升级型）	C3（改进型）
技术特点	继承了"飞马座""金牛座"与"米诺陶"火箭助推器的设计	改进系统可靠性，处理系统退化问题，开展风险降低工作，航电系统升级（飞行控制器、惯性测量单元、电池系统等）	二/三级可选设计，改进系统可靠性，处理系统退化问题，开展风险降低工作，改进系统适应性

（二）通过研改并举的发展方式，持续迭代提升中段反导能力

为应对不断发展的威胁目标，面向提升中段反导能力，美国导弹防御局计划在研发"下一代拦截弹"的同时，继续升级现役"地基拦截弹"，即执行"地基中段防御"系统"使用寿命延长计划"，以提高系统的性能、可靠性并延长使用寿命。作为该计划的一部分，新型二/三级可选助推器预计将在未来几年内集成至现役"地基拦截弹"。2021年3月23日，美国导弹防御局宣布，向洛克希德·马丁公司和诺斯罗普·格鲁曼–雷声公司团队授出"下一代拦截弹"合同。两家公司将根据合同，全面开展"下一代拦截弹"的研发，包括助推器和动能杀伤器。按计划，美国导弹防御局将在2028年开始部署"下一代拦截弹"。

（三）持续注入新技术与新能力，保持导弹防御领域技术优势

美国高度重视国土防御能力的发展，致力于利用技术创新优势拉大与其他拥有导弹防御系统国家的技术差距，形成超越对手的能力。"地基中段防御"系统作为美国土防御的重要力量，关键技术与系统性能发展受到高度重视，采用基于能力的发展模式，不断嵌入新技术，推动实战能力升级。特别是"地基拦截弹"，近年进行了大量技术改进，系统实战性能与可靠性显著提升。其中，当前部署的 CE-2 Block1 型"外大气层杀伤器"针对在此前的试验中出现的制导问题及电压不稳问题，改进了电子系统并集成了一些新组件，可靠性进一步增强。二/三级可选助推器是当前"地基拦截弹"改进升级工作的重点，是实现"地基中段防御"系统"射击-评估-射击"能力的关键基础。

三、几点分析

（一）面向大国竞争，持续强化中段反导能力

随着威胁环境的变化以及大国竞争战略的不断推进，美国认为其现有导弹防御系统已无法应对快速发展的威胁，急需进行调整和改进。为此，美国导弹防御局提出开展分层国土防御能力建设，重点加强中段反导能力，首先通过改进"地基拦截弹"满足短期内提升中段反导能力的迫切需求。此举除了为应对伊朗、朝鲜的弹道导弹威胁外，更是为了应对以中俄为代表的拥有更高技术水平、更大规模的洲际弹道导弹的高端对手。美国希望通过发展分层多次的"中段+末段"国土防御能力，削弱对手战略威慑能力的可靠性，进而在大国竞争中谋求不对称的战略优势。

（二）面向实战运用，扩大防御范围

美国当前部署的"地基拦截弹"装备的 OBV 助推器为 C1、C2 型，这两型均为三级助推器。采用三级助推器的"地基拦截弹"虽然可以在更大射程范围内拦截处于飞行中段的弹道导弹目标，但由于"外大气层杀伤器"必须在三级助推器燃尽后才能释放，造成"地基拦截弹"的防御范围有限，具体体现在以下三点：一是针对射程较远的远程和洲际弹道导弹目标拦截能力较强，但对射程较近的远程和洲际弹道导弹目标拦截能力有限；二是

对以高抛弹道方式发射的弹道导弹具有较好的拦截能力,但对以压低弹道方式发射的弹道导弹拦截能力较差;三是与目标的交战点相对靠后,拦截时间点相对较晚,造成对来袭目标进行多次拦截的能力不足。换装二/三级可选助推器后,作战人员可以根据威胁的位置和速度,在二级、三级两种助推模式中进行选择,以决定"地基拦截弹"释放"外大气层杀伤器"的时机,进一步拓展"地基中段防御"系统的拦截范围,创造更多交战时间和空间。

(三)面向再次交战,创造多次拦截机会与可拦截时间

根据分层国土防御能力发展计划,"地基中段防御"系统需要具备两次及以上拦截机会,实现"射击-评估-射击"能力。为此,美国导弹防御局一方面通过为"地基拦截弹"换装二/三级可选助推器,创造再次交战所需的必要时间;另一方面还在完善预警探测系统,重点建设"天基杀伤评估"系统,用于在首次拦截后确定真正弹头是否已被拦截,帮助作战人员判断是否需要进行多次拦截或实施战略反击,以缩短杀伤链决策时间,降低作战成本,提高作战效率。未来,随着预警探测能力的进一步升级,美国将实现在初始交战后评估威胁、同时保留必要时再次交战的能力,最终形成由预警、探测、跟踪、指示、拦截、杀伤评估构成的完整、闭环的导弹防御作战杀伤链。

(北京航天情报与信息研究所　张梦湉　胡彦文)

美国进行印太地区反导系统联合演习

2021年3月12日,美军完成了对印太地区弹道导弹防御部队为期两周的联合军事演习,以保持战备状态并确保执行任务的能力。本次演习是美军在太平洋地区部署的弹道导弹防御部队首次举行联合演习,采用计算机模拟方式进行,旨在针对弹道导弹威胁演练联合部队制定作战计划、共享军事情报并实施遏制的能力。

一、基本情况

本次演习是采用计算机模拟方式进行的联合指挥所训练(CCPT)。演习假设朝鲜向日本方向发射弹道导弹,美军对弹道导弹进行探测、跟踪和拦截,以测试响应能力和双向通信能力。此外,本次演习还对"萨德"系统和"爱国者"系统进行了联动测试。

参加本次演习的部队(表1)包括美国空军第5航空队、第94陆军防空反导司令部、第38防空炮兵旅、第35防空炮兵旅以及E-3"萨德"防空炮兵旅。日本自卫队派出人员观摩了本次演习,韩国部队没有收到参演邀请。

表1 参演部队情况

参演部队	驻地	职责
空军第5航空队	驻扎在日本横田、嘉手纳、三泽空军基地	驻日美国空军主力,是本次演习的指挥所,该队人员也参加了演习
第94陆军防空反导司令部	驻扎在夏威夷	负责指挥美军在印太地区的反导作战
第38防空炮兵旅	隶属于第94陆军防空反导司令部,驻扎在日本神奈川县	负责指挥和控制美国在日本部署的两座X波段导弹雷达
第35防空炮兵旅	驻扎在韩国京畿道乌山空军基地	负责"爱国者"部队和庆尚北道星州"萨德"基地
E-3"萨德"防空炮兵旅	驻扎在关岛	负责运行"萨德"系统

二、体系能力

美国以应对朝鲜弹道导弹威胁为借口,通过单独部署、联合研发以及出售转让等方式持续推进印太地区弹道导弹防御体系建设,现已形成以美国为主导,日本、韩国、中国台湾地区参与的地区联合弹道导弹防御系统,具有拦截近程、中程和中远程弹道导弹的能力。

(一)体系部署

美国在印太地区已经部署了海基和陆基弹道导弹防御系统(表2),并充分利用日本、韩国、中国台湾地区的弹道导弹防御资源,不断扩大体系规模。

表2 美国在印太地区弹道导弹防御系统构成

国家/地区	拦截武器系统	预警探测系统	指挥控制系统
美在印太地区的军事基地	多套"爱国者"-3系统 20余艘"宙斯盾"舰 近百枚"标准"-3导弹 2套"萨德"系统	天基预警卫星 2部AN/TPY-2雷达 20余部"宙斯盾"舰载 AN/SPY-1雷达	区域"指挥控制与作战管理通信"系统
日本	16套"爱国者"-3系统 7艘"宙斯盾"舰	4部FPS-5雷达 7部"宙斯盾"舰载 AN/SPY-1雷达	"佳其"系统
韩国	48套"爱国者"-3系统 韩国导弹防御系统（在研）	2部"绿松树"雷达	"防空与导弹防御地下指挥所"
中国台湾地区	6套"爱国者"-3系统 3套"爱国者"-2系统	1部"铺路爪"远程预警雷达	

此外，美国还将在关岛部署采用基线10软件版本的陆基"宙斯盾"系统。该系统具备一体化防空反导能力，能发射"标准"-3与"标准"-6系列导弹，可实现对近程、中程、远程及部分洲际弹道导弹的有效拦截。

（二）能力分析

1. 拦截作战能力

美国在印太地区部署的弹道导弹防御系统已形成了两段三层拦截能力，可拦截近程、中程、中远程和远程弹道导弹。美国与日本还建立了弹道导弹防御联合作战指挥体制，增强了拦截武器的火力强度。目前，美日联合研制的"标准"-3 2A导弹已完成了拦截洲际弹道导弹靶标的试验，部署后将进一步增强突防对抗条件下的拦截能力。此外，美国已验证了"萨德"系统和"爱国者"系统的互操作性，有效扩大了防御范围。

2. 预警探测能力

美国与其盟友在印太地区已构建了由地基、海基雷达和天基卫星组成的预警探测系统，能够对弹道导弹发射的助推段、中段和末段进行探测。天基卫星可实现对导弹发射事件的探测和跟踪，"宙斯盾"系统雷达能与天基卫星实现接力跟踪。美国部署在韩国的"萨德"系统雷达可监视导弹发射，识别关机点，具有全程跟踪能力，并可有效支持目标识别。美国部署在日本的 AN/TPY–2 雷达对助推段飞行的弹道导弹具有一定探测能力。

3. 指挥控制能力

美国利用"指挥控制与作战管理通信"系统整合印太地区的弹道导弹防御资源，直接指挥本区域作战。当前，美国正在升级"指挥控制与作战管理通信"系统，升级后的系统将具备传感器管理和协同交战综合能力。此外，美国与日本达成协议，建立了弹道导弹防御联合指挥控制的"美日作战协调中心"，实现与日本弹道导弹防御系统的联合作战。美国与韩国也达成协议，协调战时美韩弹道导弹防御作战的指挥，为联合作战提供保证。

三、几点认识

（一）提高系统互操作性，强化体系作战能力

改进弹道导弹防御系统间的互操作性能够显著提升武器系统的作战效率。美国正致力于在指挥控制网络、传感器、一体化防空反导系统等能力域实现互操作，集成全球弹道导弹防御预警–跟踪–拦截体系能力，完成美国本土、海外基地、盟友防御能力全覆盖。美国通过推动部署在印太地区的"萨德"系统和"爱国者"–3系统互操作性能力升级，扩大拦截范围，提高拦截能力，可形成更完善的弹道导弹防御体系。

（二）贯彻"太平洋威慑计划"，应对大国竞争

面向大国竞争，为进一步强化在印太地区的军事优势，美国印太司令部提出"太平洋威慑计划",意图增加美国在印太地区的军力部署,加强和盟友的联合作战能力,提升在印太地区介入能力。2021年,该计划获得22.35亿美元投资,用于提升联合部队作战能力,开展兵力设计和部署,加强与盟友的合作关系,进行相关演习、试验和创新等。本次演习是对该计划的落实,旨在提高印太地区美军联合部队的战备状态。随着印太地区美军及其盟友弹道导弹防御联合作战能力的提升,美国将逐步形成全域覆盖、快速响应、多国协同的防御作战体系,为大国竞争提供支撑。

(北京航天情报与信息研究所　姜源)

俄罗斯成功进行直升式反卫星试验

2021年11月15日,俄罗斯完成一次直升式反卫星试验,导弹击中500千米高度的废弃卫星"宇宙"-1408。俄罗斯国防部长绍伊古16日公开表示,我们成功地测试了一个有前途的导弹系统,准确地击中了一颗旧卫星,形成的卫星碎片不会对太空活动构成任何威胁。俄罗斯进行反卫星试验表明,俄罗斯正加速发展反卫星武器,反卫星武器已成为俄罗斯强化战略威慑力量、维护国家安全的重要筹码。

一、俄罗斯反卫星试验基本情况

2021年11月15日,美国国防部发言人柯比表示,北美防空司令部实时监测到俄罗斯进行反卫星试验,利用一枚直升式反卫星导弹击中"宇宙"-1408卫星,数小时内在低地球轨道制造了1500块(可跟踪)太空碎片场。美国太空新闻网站15日刊文称,根据商业和政府跟踪数据,代号为"宇宙"-1408的1982年苏联发射的卫星在美国东部时间11月14日晚间或11月15日被摧毁。

美国国务卿布林肯表示，俄罗斯试射反卫星系统与俄方关于不允许在太空部署武器的立场相矛盾，莫斯科"以其鲁莽和不负责任的行为，将危害太空环境可持续性发展和所有国家对太空的利用"。美国宇航局局长比尔·纳尔逊发文评论，俄罗斯试射一枚反卫星导弹可能危及国际空间站的运行，对俄罗斯这种不负责任和破坏稳定的行为感到愤怒。五角大楼负责人劳埃德·奥斯汀此前表示，俄罗斯进行的反卫星武器试验破坏了世界的战略稳定并对其构成威胁。

根据美国国务院信息，俄罗斯反卫星试验使用的是一枚地基直升式反卫星导弹。目前，俄罗斯具备直升式反卫星能力的有"努多利"和 S-500 两种导弹系统，而 S-500 虽然具备攻击低轨道卫星的能力，但其主要任务还是防空和反导，因此，本次反卫星试验使用的可能是俄"努多利"新一代反导系统。从目前地基直升式反卫星导弹技术发展趋势来看，新一代地基直升式反卫星导弹均采用动能杀伤器。美军认为，此次试验的"努多利"导弹系统有可能采用了动能杀伤器。

二、俄罗斯反卫星武器发展情况

俄罗斯自20世纪50年代开始发展反卫星武器，先后发展了直升式、共轨式、定向能和电子干扰等不同杀伤机理的反卫星武器，包括 A-235"努多利"反导反卫星系统、"宇宙"-2519 卫星反卫星系统、A-60 机载激光反卫星系统和"吉拉达"-2 电子战反卫星系统，形成针对卫星的软硬杀伤能力。

直接上升式反卫星武器具有灵活机动、反应迅速、利用动能或核爆摧毁目标、成本较低的特点。俄罗斯着重发展此类反卫星武器，主要包括

"努多利"系统、79M6"触点"空基反卫星系统、2021年10月首次列装的S-500防空反导系统以及目前处于测试阶段的S-550反导防天系统。

共轨反卫星系统，采用与目标星在几近相同的轨道上进行的反卫星相关技术。2017年6月，俄罗斯发射"宇宙"-2519卫星进行了反卫星技术验证。"宇宙"-2519卫星在进入轨道后，释放巡查卫星，全自动进行了卫星机动控制、对地观测、轨道通信和释放回收等测试。

定向能反卫星武器，主要有"佩列斯韦特"地基激光系统和A-60空基激光武器。"佩列斯韦特"是俄军新一代激光武器系统，采用核动力装置，能够将卫星彻底摧毁或通过辐射其敏感电子元件使其失效。

电子战反卫星系统。俄罗斯重视发展电子战反卫星能力，逐渐向综合化、一体化、智能化方向发展。典型电子战系统"摩尔曼斯克""吉拉达"-2和"勇敢者"侧重于对通信卫星的干扰，"克拉苏哈"-4、"季夫诺莫里耶"和"伐木人"电子战飞机侧重于对雷达侦察卫星的干扰。

三、俄罗斯反卫星武器特点

为有效应对美国推行"先发制人"的太空战略，俄罗斯以"非对称制衡"方式与美国对抗，反卫星武器成为发展重点，近年来先后进行多次试验，取得重要进展。

（一）秉持"非对称制衡"战略，积极发展反卫星武器

俄军对太空安全评估置于俄罗斯对现代战争观的大背景下理解，将太空军事能力视为现代战争和未来冲突中获胜的关键。自2010年起，俄罗斯实施一系列太空军事能力发展计划，以恢复冷战时期的空间对抗能力。但囿于经济压力，俄罗斯针对美国严重依赖天基卫星系统的特点，以"非对

称制衡"战略为突破口，研发部署以反卫星武器为重点的太空武器装备，迫使美军为保护太空系统而投入更多资源，从而以较小的代价来抵消对手在太空领域的军事优势，实现相对的战略平衡。近几年面对俄方在高超声速武器领域领先的优势，美军升级现有的天基导弹预警系统，联合NASA、太空探索公司和导弹防御局打造全新的卫星星座来应对俄军的高超声速武器，俄罗斯开展反卫星武器试验也是确保"非对称制衡"战略优势的有力回应。

（二）将直升式反卫和共轨反卫作为发展重点

因绝大多数对地观测卫星、测地卫星、空间站以及一些新的通信卫星系统均采用近地轨道，直接上升式反卫星导弹是目前各国主要发展的反卫星武器种类，主要打击距离地面200~2000千米高度低轨道卫星。直升式反卫星导弹最大优点是作战反应速度快，拦截范围大，在目标卫星临空过顶时，随时可以发动攻击。而且由于相对距离地面较近，可以更加有效打击目标卫星。2017年俄罗斯发射监测卫星状态巡查卫星，机动性很强的巡查卫星可使用多种手段破坏太空中另一个物体的运行，使其失效或损坏。巡查卫星用来搜集其他卫星情报和用作"杀手卫星"来摧毁太空目标。

（三）坚持寓反卫于反导的发展思路

俄军S-500防空反导系统和"努多利"都具有反卫星能力，A-235战略反导系统是俄罗斯在A-135反导系统基础上研发的战略弹道导弹防御系统，可对远程和洲际弹道导弹实施拦截，该系统可与现役A-135战略反导系统、S-400防空反导系统构成一体化的综合防御系统，有效防御弹道导弹、卫星、高超声速飞行器等多种空天威胁。俄军计划未来S-500系统与A-235战略反导系统有效融合，建立空天一体的防空反导反卫一体化作战体系。

四、影响分析

俄罗斯此次试验不仅是验证反卫星技术能力,更是大国战略博弈的一个重要体现。美国将太空作为新的作战域,太空军事化程度进一步加剧,武器化趋势不可逆转,太空正成为大国博弈的工具。俄罗斯的太空发展计划与美国的太空战略针锋相对,在外层空间缺乏有效军控法律约束的背景下,或引发新一轮太空军备竞赛。

(一) 加速太空军备竞赛

俄罗斯反卫星测试是对美国加速太空军事化行动的强力反制。因无法预估的空间资源、航天产业和军事应用等方面优势,势必会加剧国际太空军备竞赛步伐。因美国对空间资源高度依赖,必然加强对其空间系统的保护。估计美俄针锋相对的太空军备竞赛会形成一种螺旋上升态势,太空武器试验会越来越多,标志着日益加剧的太空军备竞赛进入了一个新阶段,太空军备竞赛呈现公开化、激烈化、战场化和武器化的特征。

(二) 推进太空技术深度发展

在俄罗斯进行反卫星武器试验的背景下,世界各国对太空轨位资源的争夺处于白热化状态,已从技术层面拓展到外交、经济、政治等各个方面。低轨星座频率轨位使用有较强的排他性,更是呈现突出的资源紧张局面。低轨星座的显著优势之一是抗毁性强。低轨小卫星制造发射成本低、周期短,并且在单颗卫星损毁之后能够在短时间之内进行补网发射。通过动能方式实施打击的直升式反卫星手段,效费比过高必将推动在轨武器、电子战、定向能等反卫星技术的进一步发展。俄罗斯反卫行动将进一步刺激国际外空军控走向趋向聚焦,可能在一些军控场合出现具体的限制举措或意图动向,这将为外空军控的未来发展增添变数。

(三) 太空博弈呈现政治化、工具化趋势

俄罗斯反卫星武器试验引发美俄对彼此太空行为的指责与猜忌,太空博弈政治化与工具化色彩渐浓。高度依赖天基卫星的美国对俄罗斯反卫星能力十分忌惮。美方率先公布俄方进行直升式反卫试验,并大张旗鼓指责试验造成被毁卫星形成碎片云,威胁国际空间站安全,一方面旨在进一步扩大反俄联盟,转移国际社会注意力,为自身在太空部署武器行为做遮掩。另一方面将俄方塑造成"规则破坏者",以反卫星试验为证据,实施混合战争,制造俄罗斯在国际社会的反面形象,谋取在双方竞争中获得战略优势。

(北京航天情报与信息研究所 张帅)

俄罗斯首次举行反高超声速武器联合演习

2021年10月,俄罗斯举行首次反高超声速武器联合演习。来自俄罗斯多个军区的防空导弹和雷达部队按照空天军防空反导指控中心统一协同的指令信息,针对巡航导弹和高超声速武器实施分层分区域多方向预警空天拦截作战演练。特别是俄罗斯防空作战单元在阿斯特拉罕州阿沙卢克靶场对模拟超高速目标靶弹进行了实弹射击。首个列装的S-500反导防空旅参与此次演习,顺利完成战备等级转换、机动部署、模拟拦截发射等演训科目。俄罗斯军事专家指出,在美军尚未装备高超声速武器系统前提下,俄罗斯进行高超声速武器联合防御演习,通过战法创新和协同指挥,形成对高超声速武器探测和拦截能力,具有超前的战略意义。

一、基本情况

(一)发展背景

高超声速武器相比于传统超声速、亚声速武器而言,具有突防能力强、打击速度快、作战空间大等优点,是未来武器装备发展的必然趋势。俄罗斯高超声速武器针对美国导弹防御系统的技术短板，有效形成"非对称制衡"战略优势。高超声速武器的双向扩散将极大推进反高超声速武器技术的发展。

遵循俄军统一年度训练计划，反高超声速武器演习是空天军对防空和导弹防御部队年度总结性战备检查的一部分，分为协同指挥和靶弹拦截两个阶段。本次试验重点检验了防空部队应对高超声速武器和巡航导弹同时多方向大规模打击的防御作战能力。俄罗斯西部、中部和东部军区的多个防空导弹团在空天军防空反导指挥中心的统一部署下参加了此次演习。

（二）演习内容

按照演习部署，西部军区某S-400防空导弹团从列宁格勒州快速机动到阿斯特拉罕州的阿沙卢克靶场，抵达指定阵地后，迅速展开战斗状态对敌方飞机、弹道导弹、巡航导弹和高超声速导弹的模拟靶弹进行了实弹射击。该防空导弹团还顺利通过了技术、战术和导弹射击的年度考核。同时，东部军区某S-400和"铠甲"-S1防空导弹团在卡普斯京亚尔靶场进行了梯次防御协同演习，成功摧毁6架高速、机动和超低空飞行的测试靶机。俄军将领表示，所有可能的反高超声速武器作战模式在此次演习中都得到了验证。

俄罗斯军事专家认为，虽然外军尚未装备高超声速导弹，但美国和欧洲国家在内的其他一些国家正在积极研发高超声速导弹，这些装备未来将对俄罗斯国家安全构成严重威胁。美国陆军正在研究被称为"黑鹰"的陆基高超声速导弹，预计2023年将开展首枚导弹试射，美国空军也开展多次AGM-183A空射高超声速导弹的飞行试验。为此，俄罗斯在本次演习中有针对性地演练对抗类似俄罗斯"锆石"的高超声速巡航靶弹，检验S-300、S-350、S-400和S-500防空导弹系统拦截此类目标的作战能力。

二、演习特点

随着高超声速武器的发展，颠覆传统的导弹突防与拦截防御模式，未来环境将日趋复杂多变，俄罗斯积极推进反高超声速武器拦截手段和战法创新，纵深推进实战化防御步伐，大幅提升反介入与区域拒止战略威慑能力。

（一）联合作战指挥，一体化防空反导反临

俄军在演练中体现出较高的联合作战指挥能力，凸显其近年在数据链技术、协同指控技术等方面取得较大突破。俄军认为，未来战场的反高超声速武器作战中，指挥协同直接决定战争胜负，通过调整指挥模式，提高战场响应能力，有助于精准完成拦截高超声速武器任务。本次演习中，西部和东部军区所属防空反导团的防空部队、导弹防御部队、电子战部队及雷达部队同时出动，在防空反导指挥中心和空天军防空反导指挥中心联合指挥下实施联合作战。俄军表示其在模拟战斗条件下建立了自动化指挥防空体系，统一指挥协同参加演习的所有雷达预警以及防空作战系统，实现最短时间探测识别和分配空中目标并快速进行机动作战部署，摧毁来袭目标。

（二）雷达组网接力，分层分区域预警探测

俄军通过对多源雷达信息的融合突破高超声速目标预警探测难题。高超声速防御中实现对目标的及时预警和精确探测是防御作战的首要难题。此次演习中，东部和西部军区所有防空部队和防空雷达部队都参与了此次演习，防空雷达全部开机形成预警探测网链，S-400、S-300、S-350、"铠甲"和新型"山毛榉"远中近程防空系统悉数亮相，进行分层分区域多

方向探测预警拦截演练，验证对高超声速靶弹的接力式探测跟踪。此次演习整合了多型武器系统的探测资源，以网络化协同方式，完成对高超声速目标的预警、跟踪、目标指示及打击效果评估，有效检验了防空系统探测高超声速目标的效率和摧毁目标的成功率。

（三）分布协同拦截，验证有限反高超能力

综合相关情报分析，此次演习中的高超声速靶标为类似"锆石"的高超声速巡航靶弹，用于实弹拦截的是 S－400 防空导弹；首个列装的 S－500 反导防空旅也参与了此次演习。此次试验主要以现役装备的创新运用为主，侧重于验证接力探测和一体化指挥控制。"锆石"类目标的巡航速度为马赫数 5～8，S－400 实弹拦截表明，俄罗斯具备有限的反高超作战能力。

三、结束语

俄军在加快高超声速武器深度研发的同时，积极着手构建高超声速武器拦截体系，推进反高超声速武器防御体系的建设，两手并举推动高超声速攻防能力发展。

普京在 2019 年曾表示要"在世界上其他国家的高超声速武器服役前，必须拥有对抗这类武器的防御手段"。此前，俄罗斯陆军中将列昂诺夫也曾表示"俄罗斯正紧锣密鼓开展反高超武器研究"。在美军高超声速武器尚未列装、俄罗斯反高超主战武器尚未定型的情况下，俄罗斯率先开展高超声速武器联合防御演习，具有里程碑意义，标志着大国的军事斗争已经从武器现实作战能力拓展至技术研发阶段，必须要在技术研发阶段提前考虑部队作战运用。无独有偶，此前美军也宣布在其"陆基远程高超声速武器"定型前,先行交付模拟训练地面系统供作战部队开展训练。世界大国快速推进高超声速攻防能力发展,必将对世界战略平衡产生难以预料的影响。

(北京航天情报与信息研究所 刘杰)

"铁穹"防空武器系统在巴以冲突中的使用情况

2021年5月,巴勒斯坦与以色列之间再次爆发激烈武装冲突。在冲突开始前48小时内,巴勒斯坦哈马斯武装组织向以色列境内发射上千枚不同口径的火箭弹,以色列"铁穹"防空武器系统遂行拦截任务。根据以色列国防军发表的声明,"铁穹"系统击落了85%~90%射向人口密集区的火箭弹,表现出良好的应急反应能力和拦截效能。此次巴以冲突中,"铁穹"系统展示了高精度拦截、全天候工作、抗饱和攻击能力强等特点。"铁穹"系统的研制、使用历程及本次作战应用情况,对加强近程末端防空力量建设具有借鉴意义。

一、"铁穹"防空武器系统基本情况

铁穹是以色列拉斐尔先进防御系统公司研制的超近程防空反导系统,主要用于防御火箭弹、炮弹、迫击炮、飞机、直升机、无人机等目标。

(一)发展历程

以色列"铁穹"系统于2007年2月开始研制,旨在开发一种拦截巴勒斯坦卡桑火箭弹袭击的火箭弹防御系统。"铁穹"系统2011年装备以色列部队并在实战中成功拦截火箭弹。截至2019年初，以色列已装备10套"铁穹"系统。鉴于以色列面积狭小且冲突频发的地缘环境，"铁穹"系统在设计之初就侧重应对拦截无控火箭弹、炮弹等传统防空武器系统的短板弱项，并具备全天候及复杂气象条件下的可靠拦截能力。

据以色列导弹防御组织数据，2011—2020年，"铁穹"系统已执行2500次拦截任务，成功率达90%。在本次应对巴勒斯坦"哈马斯"武装组织饱和式、持续性、规模化空袭过程中，"铁穹"系统表现良好。本次冲突中，"哈马斯"对以色列发动攻击主要依赖各型火箭弹。其中卡桑火箭弹制作简单、成本低廉，为主要进攻弹药，备受其青睐。而以色列仅依靠其数套"铁穹"系统实施拦截防御。冲突爆发的48小时内，有超过1000枚火箭弹从加沙地带射向以色列中南部地区，其中80%成功进入以色列上空，200多枚在升空过程中坠毁。射向以色列主城区的约800枚火箭弹除极少未被有效拦截落入居民区外，大部分均被成功拦截。

（二）系统组成

"铁穹"武器系统包括3个基础组件，即拉斐尔公司研制的"塔米尔"拦截导弹和导弹发射装置、mPrest系统公司研制的战斗管理控制系统、以色列航空工业公司/埃尔塔系统公司研制的ELM–2084多任务雷达。

核心组件"塔米尔"拦截导弹是一种全天时、全天候地对空拦截弹，其空气动力学特性经过优化，可以拦截并击毁射程70千米以内的单发或齐射火箭弹、155毫米炮弹和其他空中威胁。该弹配备固体火箭发动机，长3米、弹径160毫米，全弹重90千克，预制破片杀伤战斗部配备近炸引信。"塔米尔"拦截导弹采用拉斐尔公司指挥数据链、弹载自动舵和先进的制导与控制算法。导弹前部安装十字形致动组件，该组件后面直接安装两个控制翼，尾部装有 4 个稳定尾翼。

ELM-2084 雷达是一种可升级的机动 S 波段多任务雷达，包括先进的数字式氮化镓三维多波束有源电子扫描阵列雷达，具有防空雷达和炮兵武器定位雷达的功能。在空中监视/防御模式，雷达可探测、分类距离 474 千米的空中目标，并生成实时空情图像。火控雷达的功能是通过指挥与控制装置提供拦截导弹的射频制导。在空中监视模式下，雷达系统可处理 1100 个目标，可 360°旋转（方向范围 120°），在高度 30000 米的高低范围为 50°。在炮兵武器定位雷达模式，雷达方向范围 120°，高低范围 50°，可探测 200 个 100 千米内的来袭火箭弹、炮弹、迫击炮弹和导弹，实时计算弹着点，确定敌方的武器发射位置。

战斗管理控制系统由 mPrest 公司和拉斐尔公司联合研制，作为"铁穹"系统的大脑，负责收集和分析空中威胁数据、创建综合空情图像、进行目标分类、计算拦截计划、控制发射和拦截过程。mPrest 公司目前正在改进战斗管理控制系统，包括设计新软件，安装拉斐尔公司针对空情图像和拦截过程的人工智能算法插件。实际上，"铁穹"系统的所有改进几乎都通过软件插件来实现。拉斐尔公司在研制"铁穹"系统之初就决定不改硬件，通过优化算法和软件系统进行改进。"铁穹"系统主要战术技术性能见表 1。

表 1　"铁穹"系统主要战术技术性能

指标	参数
对付目标	各种火箭弹、炮弹、迫击炮、飞机、直升机、无人机等
最大作战距离/千米	40
最小作战距离/千米	2
马赫数	2.2
制导体制	中段无线电指令制导、末段主动雷达寻的制导

续表

指标		参数
发射方式		倾斜发射，发射倾角大于70°
反应时间/秒		8~15（从探测到导弹发射）
弹长/米		3
弹径/毫米		160
翼展/毫米		700
发射质量/千克		90
动力装置		固体火箭发动机
战斗部	类型	高能破片杀伤战斗部
	质量/千克	11
引信		近炸引信

二、关键技术

突发性火箭弹齐射是以色列长期面临的潜在威胁，"铁穹"系统各系统单元为应对这一目标进行特定设计，实现对火箭弹齐射的多目标处理和敏捷响应能力。

（一）优化雷达系统多任务处理能力，提升对多种威胁的预警识别能力

"铁穹"系统的 EL/M-2084 雷达采用 S 波段相控阵技术，可以探测到低 RCS 飞行目标，包括炮弹、迫击炮弹和火箭弹等。"铁穹"系统雷达在设计时对多任务处理能力进行了深度优化，在加沙地带的预设战场中，实现对来袭目标的大批次同步处理及快速响应，为后续拦截作战提供了关键支撑。随着新型空中威胁的不断出现，埃尔塔系统公司在 2019 年公开了一种新的多传感器型 ELM-2084 雷达。多任务雷达与另一个高层级 X 波段雷

达、主动敌我识别系统、广播式自动相关监视传感器、被动信号情报传感器、光电/红外传感器和发射探测传感器配合使用,多传感器多任务雷达具有增强的分类、识别和区分近距离目标的能力。多传感器型 ELM-2084 雷达提高了空情图像的可靠性和态势感知能力,可有效对付小型、低空、慢速、悬停的雷达横截面目标以及不同射程的火箭弹和导弹,预计 2022 年开始试验测试,服役后将进一步提升"铁穹"系统的作战效能。

(二) 基于人工智能技术提升战斗管理控制系统反应时间

拉斐尔公司已在"铁穹"系统中广泛应用人工智能算法,用于"塔米尔"拦截导弹的制导,以及战斗管理控制系统的数据处理。"铁穹"系统是一种学习型系统,通过先进的算法进行数据融合,可以使系统识别来袭弹丸甚至弹幕的实际弹道。拉斐尔公司将机器学习算法分成计算机视觉任务、数据融合、洞察力生成、决策执行和分布式网络任务分配。对于"铁穹"系统而言,要能够识别火箭弹的发射,自动辨别去向,决策要发射的拦截导弹,选择自动寻的传感器,如果需要拦截火箭弹,还要选择拦截导弹的拦截路线。根据以军公布的相关细节,"铁穹"系统已经在实战分析决策的多个关键环节引入了人工智能辅助决策,甚至在对来袭目标落点判定等方面高度依赖人工智能技术。

(三) 结合两种毁伤技术提升拦截弹成功率

"塔米尔"导弹前部安装有主动雷达导引头技术,作用距离 2 千米,具备两种毁伤方式,可有效提升拦截成功率。作战中,导弹发射后通过上行数据链路接收来自战斗管控中心的威胁信息数据,引导导弹接近目标。导弹上的主动雷达导引头搜索发现目标后,引导导弹与目标进行交战。导弹在拦截目标前几秒钟内抛掉雷达罩,以动能杀伤的方式撞毁目标;若导弹与目标错过,在交会瞬间将触发近炸引信,以破片杀伤的方式摧毁目标。

两种毁伤技术相结合的做法，有效针对了火箭弹重量轻、抗毁性差的特点，通过双保险确保对来袭目标的可靠拦截。

三、几点认识

（一）"铁穹"系统可与现有反导体系集成实现对复杂威胁的高效防御

"铁穹"系统作为以色列多层反导体系的一部分，在近年发展中不断注重与其他系统的协同作战能力。2020年11月，以色列导弹防御管理部门与拉斐尔公司进行了一系列综合实弹发射拦截试验，验证了"铁穹"与"大卫投石索"系统的协同作战能力。这是首次演示验证以色列集成化、分布式、多层防空体系对巡航导弹、弹道导弹、无人机和其他复杂及典型未来空中威胁的防御能力。"铁穹"系统与末段高低层反导系统的协同作战，将有效提升应对火箭弹、巡航导弹、无人机等各种近程威胁的能力，实战中将成为反导拦截系统的重要安全保障。

（二）"铁穹"系统对火箭弹拦截成功率达90%的说法可信度较高

"铁穹"系统对火箭弹拦截成功率达90%的说法可信度较高。卡桑火箭弹的打击精度极低，且装备小型弹头，毁伤程度不高，其作战效能体现在袭扰城市建筑和居民，拦截难度较小。"铁穹"系统专门为拦截火箭弹而设计，其拦截弹飞行速度快、机动性强，具有较高的拦截精度，单套"铁穹"系统配备3个发射架，可搭载多达60枚拦截弹，导弹基数多，且具备齐射能力，使得其具有较大的火力密度和拦截余度。"哈马斯"上千枚火箭弹的攻击并非单次连射，而是分时、多次、小批量发射，"铁穹"系统一轮齐射完全足以应对。结合双方报道及技术分析，以方声称的90%拦截概率具有较高可信度，不过这一概率是针对以方认为有拦截必要的来袭火箭弹而言，并未统计被"铁穹"系统判断落点在非重要区域的火箭弹。

(三) 发展定向能技术，解决"铁穹"系统效费比难题

"铁穹"系统虽然表现出良好的拦截效能，但其拦截弹对比哈马斯的廉价火箭弹在效费比方面存在短板。根据现有资料，1枚"塔米尔"拦截弹的成本约为4万美元，而哈马斯自制的卡桑火箭弹成本仅数百美元。若冲突持续发展，即使"铁穹"系统通常只拦截射向人口密集区和重要设施的目标，较大的拦截成本仍会对以方造成持久压力。为此，以色列计划在"铁穹"系统中集成激光武器，实现对无人机、火箭弹等目标的低成本拦截。以色列军方已经完成机载激光武器技术拦截测试，其陆基"穹顶"反无人机激光武器系统进入小批量部署阶段，以军激光武器技术预计将在数年内具备实战能力，解决"铁穹"系统面临的拦截成本问题。

(北京航天情报与信息研究所 张帅)

以色列研发机载激光武器

以色列国防研究与发展局、埃尔比特系统公司与以色列空军于 2021 年 6 月 21 日成功在海上使用安装在民用飞机上的高能激光武器拦截并击落了飞行中的多架无人靶机等。该次试验代表了机载激光武器的一次技术突破，机载激光武器在模拟战中成功拦截并击落目标在以色列历史上尚属首次，也是全球范围已公开同领域研究的首次突破。

一、基本情况

（一）测试详情

2021 年 6 月 21 日，以色列成功在海上完成了机载高能激光武器的一系列测试。据公开报道，此次测试的激光器功率为 100 千瓦。测试的机载高能激光武器被安装于配备有先进传感器和跟踪系统的塞斯纳 208 民用飞机，飞行高度约 914 米，并在多种场景中进行了测试，于约 1 千米处成功拦截并 100% 摧毁了测试期间在不同高度和范围内发射的无人靶机和远程遥控精确制导巡飞弹。

此次测试初步实现了机载激光武器在空中拦截和摧毁空中威胁的能力,使得以色列成为使用机载高能激光武器实现和展示这种能力的国家之一。以色列国防部宣称,未来该型激光武器一旦投入使用,将能够打击 12 英里(约 19.32 千米)以外的目标。

(二) 最新测试激光武器载机参数

以色列最新测试激光武器的载机为单发涡桨式多用途轻型飞机。载机塞斯纳 208 的相关参数如表 1 所列。

表 1 塞斯纳 208 飞机主要参数

参数类型	数值
(长度/翼展/宽度)/米	12.67/15.87/4.6
(最高速度/失速速度)/(千米/小时)	342/113
航程/千米	1689
使用升限/米	7620
爬升率/(米/秒)	6.47
动力装置	PT6A-114A 涡轮螺旋桨发动机(675 马力)
航空电子设备	配备了 GFC700 集成数字自动飞行控制系统 Garmin G1000
可载人数	机舱可容纳 9 名乘客和 2 名机组人员
最大载质量/吨	2.005

由表 1 可知,载机作为轻型客机,尽管机内空间较大,但最大载重量仅为 2.005 吨,而所测试的激光武器为内置型,可以想见,装备的激光武器为小型。

(三) 测试分析

用机载高能激光武器击落空中的飞行器,确实是该领域研究的一个重要进展,测试中所体现的机载激光武器在空中拦截与摧毁空中威胁的能力极具开创性,将为以色列的防空能力提供一个战略变化,也使得以色列成为世界上第一批成功实现机载高功率激光系统的国家之一。

首先,该次测试的成功,揭示了该型激光武器克服大气干扰,准确聚焦于目标的能力。同时也印证了早在2020年1月以色列国防部所披露的有关高能激光计划基于激光束准确性的重要技术突破,即使用新技术,能够准确地将激光束聚焦于远程目标上,同时能够克服大气干扰,使开发具有高度作战效能的有效拦截系统成为可能,由此实现机载激光武器对无人机目标的空中拦截与击毁。

而这项新技术将是在短时间内向目标传递激光效果的关键,基于该技术,以色列有望开发能够拦截各种威胁的激光武器,构建以色列空、陆、海的额外防御层。其次,内置于轻型飞机的激光武器体积与重量均较低,但已经实现了100千瓦功率的测试,由此说明了以色列在该功率级别上兼顾体积、重量与功率的技术具备一定水平。此外,实现1千米的拦截距离已经是现阶段机载激光武器研究所取得的一大进展,但距离实战仍需时日。

综合而言,以色列的该次测试不仅将为其多层防空系统提供一个新手段,进一步完善其防空系统,还将为今后军用飞机、商用飞机拦截空中飞行的轻、小、慢目标提供一个窗口,在利用机载激光武器提升防空能力方面起到一定启示作用。

二、技术分析

以色列并未披露有关最新测试的机载激光武器所采用的激光器类型、跟踪装置及光束控制技术等,在此仅结合所调研的资料进行推测。

(一)激光器类型

以色列并未透露所测试的机载激光武器的激光器及技术指标等,基于对机载激光武器研发计划承包商的技术积累与升级、与承包商已有系统的技术关联以及激光武器的功率需求等的梳理,推测其可能采用了固态二极管泵浦激光器,电光转换率可能达到35%,依据如下。

埃尔比特系统公司在激光器研制方面,已从低效的闪光灯泵浦激光器过渡到固态二极管泵浦激光器,电光转换效率已从1%提高到35%,具备十余年生产二极管泵浦激光器的经验。公开消息称,机载激光武器的激光源与其研发的多光谱红外对抗系统不同,红外对抗系统采用了光纤激光器技术,二者激光光源体制不同,说明该型机载激光武器可能采用了泵浦结构不同的固态二极管泵浦激光器。该型机载激光武器被安装于飞机内部,而并非采用吊舱形式挂载,加之以色列未来的研发目标旨在能够实现对几百千米外目标的打击,因此,这将要求激光器在大幅提升功率的同时,还能够满足机载要求,而固态二极管泵浦激光器具有实现几百千瓦功率的潜力,泵浦模块则有助于实现小型化与功率调整的灵活性。

(二)瞄准与跟踪技术

以色列国防部透露,该型激光武器使用了高度先进的光学瞄准系统,融入了人工智能技术,能够以高精度跟踪与定位目标。

公开消息称,机载激光武器将使用类似于多光谱红外对抗的跟踪技术。该系统是埃尔比特系统公司的早期多光谱红外对抗系统,利用激光致盲来袭导弹。

光谱红外对抗系统利用由埃尔比特系统公司子公司所开发的红外被动告警系统传感器监视周围区域以寻找潜在威胁,在收到威胁警报后,红外被动告警系统会跟踪威胁并引导红外对抗系统,由光纤激光发射器引导激光束穿过反射镜炮塔,引导威胁性目标,改变并远离受保护飞机的飞行路线。由此推测,机载激光武器可能采用了红外告警技术,对空中目标进行跟踪。

（三）光束控制技术

要实现击落空中目标的进攻性激光武器必须有更远距离的打击能力，这对输出功率的大幅提升与激光束的定向精确度均提出了更高要求，即需将激光束精确地保持在一个完全相同的位置上，从而使激光束将目标加热并快速击毁。

而该项工作需依靠光束导向器完成，通过提取目标和射击平台当前位置上的传感器数据，利用先进软件准确预测光束需要到达的位置，并调整专门设计的反射镜，使激光沿正确方向反射，且光束导向器必须进行每秒多次计算与调整。

此次以色列的测试中实现了在空中对无人靶机的拦截与击毁，这说明以色列在光束控制技术方面取得重大突破，一定程度上实现了激光聚焦与稳定性的优化，由此得以实现在1千米范围内克服大气干扰，准确地将激光束聚焦于空中目标上，从而使得开发具有高度作战效能的有效拦截系统成为可能。

三、几点认识

尽管实现了机载激光武器对空中目标的拦截与击毁的技术突破，但以色列现阶段所研发的机载激光武器仍不可避免地面临诸多挑战，距离实战仍需时日。

（一）激光器兼具高功率且满足机载需求

与其他武器系统一样，尺寸、重量与功率极大地限制了机载激光武器应对各种空中威胁的能力，甚至还限制了其在不同飞机上的部署范围。目前，全球高能激光武器最先进的功率/重量比约为30千瓦/千克，若将其安装在战斗机上，其功率/重量比必须达到约 1∶2~1∶3，然而世界各国在短时期内均无法实现该目标。若按照美国导弹防御局所提出的提高固体激光武器的功率重量比，力求实现 5 千瓦/千克的功率密度，与真正具有实用价值的机载激光武器的功率需要达到 500 千瓦~1 兆瓦这两个要求进行功率提升，以色列必须满足兼具远高于 100 千瓦的高功率与小体积、低重量的要求，极具挑战性，有待深入技术攻关。

（二）跟踪、拦截、击毁高机动空中目标的跟踪瞄准与聚焦发射

载机的颠簸、加速过载、慢速摇摆、快速振动及由气流和湍流所引起的颠振等均会引起激光武器跟踪瞄准系统的图像模糊、抖动甚至畸变等系列气动光学效应，影响对威胁性目标的跟踪与瞄准。此外，激光武器利用热效应毁伤目标，对同一点照射的时间越长，积累的热量越高，毁伤效果越强。但对高机动的目标保持长时间的照射，并且始终聚焦于一点之上，技术难度极大，而在远距离上保证激光束的稳定性并确保在目标瞄准点上驻留时间的技术难度更是毋庸置疑。以色列也仅仅实现了 1 千米范围内应对无人机的激光拦截与击毁，在远距离应对无人机、火箭弹以及导弹等的跟踪瞄准与光束控制技术方面的研究仍有待深入。

（三）保证机载电源供电能力及其与其他系统的电磁兼容性

高能激光器工作时需要系统在短时间内提供极高（数百千瓦）的功率，同时不影响其他系统的工作，这对载机的供电系统提出了巨大的挑战。此外，电源与系统其他部分的电磁兼容性等也需考虑。据以色列国防部透露，以色列正在为其防空和导弹防御激光器寻求美国的资金和专业知识，尤其在发电方面，由此可知其在机载电源方面的技术储备有限。而美国也还尚在基于机载激光武器的重点项目——SHiELD 项目开发具备高功率提供能力的机载锂电池。由此可知，对于以色列而言，机载电源的技术问题解决还有很长的路要走。

(四) 有效应对恶劣天气的能力

激光武器本身具有局限性,如对大气条件、云层和烟雾高度敏感,会导致作战效率降低。尽管以色列国防部称其所测试的新型机载激光武器能够不受天气影响有效拦截高空的远程威胁。但以色列国防部也曾声称,激光武器在恶劣天气或云层中不能很好地工作,因此对于激光武器这一缺陷,以色列是否真正克服仍未可知,也许只是进行测试的几天内恰好未出现多云、大雾等天气而已。

(中国工程物理研究院 杜近宇)

美军研发基于超短脉冲技术的激光武器

为进一步拓展定向能武器的实战能力,美国陆军正在研发采用新技术路线的"军用平台战术超短脉冲激光器"(TUPLAP),它将使用超短脉冲气化目标,并产生强大的电磁信号来干扰敌方的电子设备。该武器在不到 200 飞秒的时间内,爆发强度将是当前激光的一百万倍,可气化无人机表面,产生冲击波,并产生电磁脉冲,毁伤目标内部的电子设备。2021 年,美国陆军研究实验室对超短脉冲光源技术的最新进展也进行了回顾。目前,美军致力于开展该项目技术研发,旨在远距离摧毁敌无人机、迫击炮和导弹等。据悉,该激光武器已在实验室得到验证。可以预期,这种超能力的新型激光武器一旦研发成功,将极大地提升美军的防空反导能力,或将改变现有作战样式。

一、基本情况

(一)基本概念及特点

现有高能激光武器系统主要由输出功率为千瓦级的连续谱激光源构成,

这些设备主要通过热效应来攻击目标，发射激光束使目标燃烧和熔化，或毁伤其高毁伤阈值的光学传感器。超短脉冲激光一般指时间宽度5飞秒至几百飞秒的激光脉冲，其特点是时间宽度非常窄、光谱含量非常丰富、光脉冲的峰值功率非常高，从而可气化物体表面，并使其产生等离子爆炸，具有独特的军事应用价值。

2019年，美国劳伦斯利弗莫尔国家实验室基于超短脉冲技术的发展，开发了利用持续几皮秒时间宽度的超短激光脉冲进行激光烧蚀的新技术，该技术利用短波长、高通量（单位面积能量）激光脉冲驱动冲击波，融化目标材料。冲击波通过后，熔融层处于张力作用下（这一过程称为弛豫），最终导致材料通过空化（不稳定的气泡增长）喷射出来。研究人员对以前未探索的激光能量和波长范围，研究了皮秒激光脉冲烧蚀铝、不锈钢和硅，研究表明，每平方厘米10焦耳以上的紫外皮秒脉冲比长波长脉冲使用更少的能量损伤材料。

目前，美军已开发多种定向能武器并将其集成到地基、海基各种平台，但仍在探索其他途径来应对新兴威胁和弥补能力缺口，包括使传感器致盲、产生强大的冲击波，甚至产生电磁脉冲，使敌内部电子设备过载等。超短脉冲激光技术为这一设想提供了新的解决方案。

（二）项目情况

为了使美军为未来现代化战争做好准备，美国国防部小型企业投资研究网站发布美国陆军"军用平台战术超短脉冲激光器"（TUPLAP）项目，招标书称该项目旨在研制一种在尺寸、重量、功耗和坚固耐用性方面适用于美国陆军平台的超短脉冲激光系统，以打击无人机和导弹。招标书在项目描述中对超短脉冲激光与连续激光的性能与工作机制进行了比较，项目计划在2022年8月由美国阿奎斯特公司研制并交付一个工作样机，待测试、评估后再制定下一步发展计划。

2021年，美国陆军研究实验室发布了超短脉冲技术进展现状报告称，之前基于钛宝石的增益材料，因非常不耐受温度和湿度的变化而主要应用于实验室，还需对操作员进行复杂的专业培训。新一代超短脉冲激光武器使用了新型增益材料和新架构，不仅可提高环境适应性，还明显减少了尺寸、重量和功耗指标。其平均功率与脉冲重复率比2015年之后的商用系统提高了一个数量级。超短脉冲激光武器利用非线性光学可实现高强度的优势，能够在远距离传输中最大限度地减少湍流造成的光束散射和扭曲传输，能够穿过云层和雾进行千米级传输。

此外，美国陆军研究实验室在研究中发现，使用更大或更长的增益介质以及能够有效组合多个激光输出等方式，为散热提供了更好的解决途径。通过使用更大的增益介质，可以有效地进行热管理。该方式通常采用薄盘激光器产生优质的光束质量，可实现高重复率和高平均功率，但产生100飞秒脉冲仍然是一个挑战。可实现高平均功率的另一种方法是相干光束合成，利用多个单独的光纤激光器，相干耦合以产生单个激光脉冲，但这种方式脉冲持续时间比薄盘激光器短得多。预期未来薄盘激光器和相干光束合成技术将涵盖更广范围的波长。

TUPLAP项目招标书的样机指标参数见表1。

表1 超短脉冲激光系统样机参数

参数	阈值	预期指标
波长	通过大气传输	
平均功率输出	20瓦	50瓦
脉冲峰值功率	1太瓦	5太瓦
脉冲宽度	200飞秒	30飞秒
重复频率	20赫	50赫

二、意义和影响

超短脉冲激光系统与连续激光器有着本质上的不同,美国陆军拟发展的超短脉冲激光系统可发射类似子弹式的光脉冲。在功率上,飞秒激光器可在超短脉宽内产生巨大的峰值功率,TUPLAP 可以在 200 飞秒内产生太瓦级功率,因而具有独特战术能力。

(一)武器级超短脉冲激光器的功率需求将显著降低

大多数军用激光器都是连续波激光器,或者用持续光束轰击目标。连续波激光器通过持续加热目标(如无人机)的表面,直到它的一部分熔化,给目标造成空气动力学故障并使之坠毁,或者使燃料或爆炸物载荷爆炸。超短脉冲激光系统的重要意义之一就是依靠超短脉冲的独特效果在无须长时间照射的情况下打击目标。超短脉冲激光器能以每秒 20~50 次的频率向目标发射超短脉冲激光,这些超短脉冲激光的平均输出功率虽然只有几十瓦,但峰值功率却高达太瓦级,可在极短时间内气化目标金属外壳。目前,对于反导作战所需的兆瓦级激光武器,仍存在较大的技术障碍,同时实战应用中存在机动能力差、体积庞大、能源需求高等问题,而采用超短脉冲技术的激光武器将有望成为定向能反导作战新的解决方案。

(二)超短脉冲激光技术的传输优势与射程优势带来作战能力创新性变革

超短脉冲激光器具有独特的光传输优势。太瓦级功率的脉冲激光器的绝对强度能够在空气中产生非线性效应,自聚焦成丝,在无衍射的情况下传输,为解决传统(常规)连续激光系统传输时湍流对光束质量的不良影响提供了一种潜在的解决方案。此外,该激光器还有自动聚集脉冲的优势。

由于受光束扩散的影响，普通激光在远距离上无效，但超短脉冲激光可以转换为自动聚集的光脉冲，将空气变成透镜，在传输中不断聚焦脉冲，使激光传输功率达到很大，可进行远距离传输，对现有定向能武器的应用方式产生颠覆性影响。

（三）超短脉冲激光器可产生多种毁伤效果，能通过软/硬杀伤手段摧毁目标

与主要依靠高温灼烧毁伤目标的传统激光器不同，超短脉冲激光器利用极高的瞬时峰值功率，将具备致盲、气化分解和电磁脉冲效应等多种毁伤效果。一是致盲目标，通过连续谱激光器发射脉冲激光致盲传感器。二是气化、分解目标，由于超短脉冲激光功率极大，能消融目标外层材料，达到即时气化、分解目标。三是电磁脉冲效应，通过超短脉冲激光产生强大的电磁脉冲效应，可击落目标或破坏附近的电子设备，该毁伤效果已在实验室中得到验证。

三、几点认识

（一）超短脉冲技术正成为美军当前和未来的研发重点

美军非常重视超短脉冲技术研究，无论陆军、空军均在进行相关超短脉冲激光装备技术研发。2021年，美国空军研究实验室在发布的《定向能未来2060》报告中提到超短脉冲激光器是目前的研究重点。目前，除美国陆军正在研发"军用平台战术超短脉冲激光器"外，2021年8月美国空军也发布高平均功率超短脉冲激光技术项目需求，空军希望从各界获得有关超短脉冲光纤激光器系统的成熟度、可用性和成本信息，以用于未来军事作战。该项目将利用非线性传输达到靶功率密度，寻求低SWaP，并不限制激光器架构。各种迹象表明，美军正加快超短脉冲激光装备技术研发的脚步。

（二）超短脉冲激光技术为定向能武器毁伤带来新途径

激光武器以光束交战、深弹仓、发现即摧毁等独特的作战优势，正成为各军事大国研发的重点领域，但目前因激光功率小、发散大，在远距离作战中尚不具备应用条件。美国此次研发的"军用平台超短脉冲战术激光器"，通过采用超短脉冲激光技术，使瞬间的峰值功率达到太瓦级，可以气化目标无人机外壳金属材质；可以忽略海面盐雾、水蒸气的折射影响，在水平范围内对数百千米外的目标实施打击，将具备更广泛的应用前景。超短脉冲激光技术为定向能武器毁伤带来新途径，虽然该项目处于样机研制阶段，一旦研发成功，在未来战争中将可发挥超强（能量密度）、超快（特性变化）、超精密（尺度和定位）的作用，成为美军防空反导的新型撒手锏武器。

（三）重点开展军用超短脉冲激光器在尺寸、重量、功耗和坚固耐用等的工程技术研究，尽快攻破技术壁垒

激光武器的小型化、轻量化一直是制约激光武器快速部署的重要因素。"军用平台战术超短脉冲激光器"项目招标书强调研发的该新型激光武器在尺寸、重量和功耗上要满足陆军平台的需求。这种激光武器虽已经在实验室里获得成功，但由于性能不稳定、造价高昂，还不具备实用化能力，美军希望能缩小发射装置的体积、降低成本和使用条件，使之能在轻型平台，以及在新型战舰上使用。目前该技术仍处于实验室的探索研究阶段，未来能否快速转化为具备实战能力的新型作战能力仍有待观察。

（中国电子科技集团第二十七研究所　伍尚慧）

美军探索将兵棋推演应用于太空定向能作战

2021年9月，美国空军研究实验室（AFRL）表示开始建造"兵棋推演与先进研究仿真"（WARS）实验室，用于探索将兵棋推演应用于太空定向能作战。该实验室可将高能激光器和高功率电磁装置植入战斗空间，将虚拟靶场变为现实愿景，以测试如何使用定向能辅助已经拥有的武器系统作战，为美军太空定向能作战仿真与分析提供支持。

一、军事背景

在美军具备大量太空资产和一些初步作战装备的前提下，如何更好地发挥这些装备的作战效能，更好地保护太空资产，在未来太空作战中获取绝对优势，就成了美军当前的考量。美国最近几十年来一直积极研发激光武器，已开发的舰载高能激光器能对低轨道的光学侦察卫星实施致盲攻击。2021年6月，美国太空作战部长雷蒙德在国会听证会上首次公开表示，美国正在开发定向能武器，充分开发定向能投资组合，使其成为保护太空优势的有效能力。

2020 年 11 月,《美国太空军数字军种愿景》提出与作战需求相应的交付速度、扩大合作、创建数字太空军等优先事项。优先事项三提出,从兵棋推演中得出的结论将为未来部队发展提供信息,并突出太空作战能力的潜力,显著提高联合部队的效能、效率和灵活性,以与作战相关的速度交付新能力;太空作战分析中心(SWAC)将开发未来部队结构以满足不断变化的任务需求,并执行军种兵棋推演功能。可以看出,太空兵棋推演有利于发挥定向能武器的作战效能,助美称霸太空。

二、研究基础

(一)美军大力推动太空实验室建设

近两年来,美军投入巨资建造多个太空实验室,其中包括可展开结构实验室(DeSel)、天波技术实验室、太空作战运营研究与开发实验室、交会与接近(REPR)卫星运营中心及 WARS 实验室等。

可展开结构实验室(DeSel)从 2019 年 12 月开始建设,2020 年 10 月正式启动。投资 400 万美元,主要推进"航天器部件技术卓越中心"航天器结构材料开发工作。例如,建造可在轨收集太阳能并通过微波向前方作战基地传输能量的航天器,为空军研究实验室的"空间太阳能增量演示与研究"计划提供支持。

2021 年 3 月,AFRL 投资 350 万美元计划在 2021 年内建立占地约 325 米^{2}的天波技术实验室,用于开展太空环境及其对军事系统影响研究。重点研制和试验新仪器,为全球实地实验做准备,收集和处理数据以支持电离层和射频研究。

2021 年 5 月,AFRL 投资 1280 万美元建设占地近 2500 米^{2}的太空作战行动研究和开发实验室,用于跟踪在轨道目标,促进卫星网络安全和发展自主能力,帮助太空飞行器避免彼此碰撞。

2021年7月,太空军投资1700万美元开设550米^{2}的交会与接近卫星作战中心,旨在提升太空作战能力,推动卫星样机和有效载荷的在轨实验和演示。该中心将使作战人员能够同时指挥多个任务,显著提高太空军的任务能力,开发创新作战概念,并为美国太空军及其任务合作伙伴展示改变游戏规则的技术。

2021年9月,AFRL投资600万美元在科特兰空军基地建造占地近1000米^{2}专门用于模拟和分析的WARS实验室。WARS将推进AFRL为阻止冲突而采取的创新、速度和伙伴关系三项战略,将使用数字工程测试新技术并评估其作战情况。WARS实验室预计于2023年春季开放。

这些太空实验室涵盖太空定向能武器能量供给、太空兵棋推演、环境模拟、太空飞行器在轨机动飞行、有效载荷在轨实验、作战指挥模拟、创新作战概念开发等。这些太空实验室的建成及投入使用,必将对美军的太空作战能力起到巨大推动作用。

(二)太空及定向能兵棋推演活动开展情况

美军早已将太空演习及兵棋推演作为训练军官和研究战争的重要工具。美军的太空演习主要基于战略层面与战术层面,致力于进一步完善其在太空作战领域的战略战术、转型建设、装备研发、作战运用等方面的战略与政策等。

"施里弗"演习以预测未来太空战场景为主线,着重于探索未来作战概念与规则、指挥控制以及武器发展等需求,并于2020年演习中首次与盟国共享高度机密的太空信息,构建太空作战联盟。

"全球哨兵"演习近年来更加注重基于现实世界的高逼真建模与仿真演

示训练，以进一步提升美军与其盟国的联合太空态势感知能力。

"太空旗帜"演习注重于从战略层面推演延伸到战役、战术层面，并在持续拓展各兵种联合以及与盟国的多域联合作战能力，以进一步推动太空实战化进程。

在定向能兵棋推演方面：2011年，空军科学研究办公室使用"现代空中力量"模拟系统探索高性能武器如高能微波和高能激光改变未来战争的潜力研究，加深对未来武器及其对未来空军条令影响的理解。2019年8月，美国空军通过激光和微波武器模拟和兵棋推演，使士兵调整和适应使用这些新武器作战或对抗使用这种武器的对手。2021年1月，AFRL在柯特兰空军基地举行了"定向能效用概念实验"（DEUCE）兵棋推演，开展最新的战法、建模和模拟试验。2021年6月，AFRL在嘉德兰空军基地举行了2021年第二次定向能武器兵棋推演、建模和模拟活动，将作战人员置于具有基于物理的红色和蓝色系统模型的虚拟环境中，帮助作战人员通过模拟界面应对威胁。

美国空军进行的太空演习及开展的定向能兵棋推演活动获取的数据和经验，为"兵棋推演与先进研究仿真"（WARS）实验室的建立及下一步兵棋推演提供了宝贵的经验并奠定了良好的技术基础。

（三）定向能武器仿真及数字化对太空作战的推动

2014年，恒星科学（Stellar Science）集团开始利用其科学、计算机辅助建模和3D形状重建、射频操作和激光物理学专业知识为美国空军开发定向能武器进行计算机模拟和虚拟测试。2016年12月，美国空军授予恒星科学集团一份为期5年、价值700万美元的高级激光建模和模拟合同，为其激光武器计划增加计算机模拟和虚拟测试，以加快激光武器发展并准备在2020年初武装战斗机及太空其他平台的计划。2021年7月，美国雷声公司和波音公司开始为美国太空军太空与导弹系统中心研制中地球轨道（MEO）

导弹跟踪卫星，预计将在 2022 年末分别形成"高仿真数字模型"。该项目是太空军太空与导弹系统中心通过创新的数字设计及数字工程技术加速美国太空作战能力形成的旗舰级项目。

恒星科学集团项目、"数字化太空军"愿景及"高仿真数字模型"项目的顺利实施及完成，将提高太空军的武器系统仿真及数字化能力，有利于美国太空军使用数字设计及数字工程技术，加速其太空作战能力的形成。

三、几点认识

（一）建造 WARS 实验室是太空军落实《国防太空战略》和加速数字化建设的重大举措

太空军自 2019 年成立以来不断加大数字领域的研究和开发，运用"数字工程"设计，在虚拟环境中设计、开发和测试卫星防护及反卫星技术，培养经过数字化训练、技术熟练的部队，借此以维持太空霸权。

美军建造 WARS 实验室，以期快速捕获和吸收最新技术成果，在数字环境中进行协作，将高能激光器和高功率微波装置等新型武器插入战斗空间，将虚拟靶场变为现实愿景，确定如何使用定向能补充已经拥有的武器系统作战，将为定向能武器和航天器作战仿真与分析提供支持，更高效、更快速地实现新技术军事赋能，将进一步推动全域合作，加强与国防部各机构及空天作战人员就定向能武器使用进行合作，进一步增加作战人员能力，是落实美国国防部《国防太空战略》和建设数字太空军的重大举措。

（二）开展定向能太空作战兵棋推演将加速太空定向能装备的研制和部署，大幅提升美国太空作战能力

兵棋推演已经成为现代战争的关键环节。美军新的作战概念不断发展，

联合全域指挥与控制、马赛克作战、多域作战、系统战、远征前沿基地作战等概念先后抛出，或向深度发展，兵棋推演作为重要的平台与工具，发挥了作战概念评估与论证的支撑作用。

美军建造 WARS 实验室，为美军进行太空作战兵棋推演提供了条件，将有助于降低定向能武器研制和采购成本、缩短研制周期，提高先进技术转化度，有助于进一步发掘太空作战对定向能装备的需求，验证定向能武器在太空作战中效能，运用新兴装备探索新型太空作战概念，将会加速太空定向能武器的研制和部署，支撑太空作战概念的实现，大幅提升美国太空作战能力。

（三）开展定向能太空作战兵棋推演将在辅助决策、制定和检验作战方案和培养军事人才等多方面发挥重要作用

定向能武器可灵活运用发射功率，塑造作战空间，实现电磁频谱控制，将在未来的太空军事冲突的各阶段发挥可扩展性和灵活性作用。定向能武器不同的发射功率水平可对在轨卫星产生不同的影响，包括加热、致盲、降级和破坏等，为未来可能发生的太空军事冲突的不同阶段和烈度使用提供了灵活性。

定向能武器的杀伤效果还会受目标材料、结构、大气环境、作用时间等影响，操作激光武器也是一项复杂的工作。定向能太空作战兵棋推演将在定向能武器辅助决策、制定和检验作战方案、培养和锻炼军事人才、提高决策能力等多方面发挥重要作用。

四、结束语

依据美国国防部发布的《美国国防太空战略》，美国太空军致力于打造太空综合军事优势,全力打造具有数字思维的太空部队。这支军队的目标不仅仅是从太空打击地面目标以及从太空拦截敌方导弹,其野心是要控制整个外太空,建立美国在外太空的绝对霸权,从外太空实现对其他大国的征服。

定向能武器作为太空军事赋能的重要利器,其价值在未来太空作战中的潜力不可估量。美军建造太空定向能作战模拟实验室,通过实验室兵棋推演探索定向能太空作战应用,对推动美军定向能武器的研发、部署和运用具有现实指导意义。一旦未来定向能武器走向成熟和实战化部署,必定对外太空的和平产生深远的影响。

(中国电子科技集团第二十七研究所　禹化龙)
(中国电子科技集团发展战略研究中心　李硕)

美国海军开发基于人工智能的高能激光武器火控决策辅助系统

2021年8月,美国海军水面作战中心达尔格伦分部开发了一种基于人工智能的高能激光武器火控决策辅助系统(HEL FCDA),旨在提高激光武器系统的响应时间和精确性,协助士兵进行操作,优化人机协作。该系统的研发将加速人工智能在激光武器系统中的应用。

一、背景分析

人工智能是美军现代化的重中之重,已被美军视为深刻影响未来战争的战略性技术,美国国防部正在全力推进人工智能的军事应用。2019年2月12日,美国国防部发布《美国国防部2018年人工智能战略概要》,为加快人工智能的应用提供行动指南。该战略将人工智能作为减少作战部队风险并获得军事优势的重要手段,纳入决策行动,提出美国应将人工智能系统应用于"增强感知和决策能力"等多个领域。美国国防部已经制定将人工智能和机器学习整合到未来部队的计划,提出建立强大的数据环境和战略是美军应用人工智能的关键。

2021年11月,美国国防部联合人工智能中心(JACI)迈克尔·格罗恩将军在人工智能设施采购时称,美国国防部购置将从以硬件为主转为"世界一流的软件",主要部分将改变其使用的数据生态系统,特别是安装在通用数据环境以促进整个部门的人工智能应用。采用统一数据标准将有助于促进美国国防部跨部门的数据收集和共享。其实施的更先进的软件将创建一个动态数据环境,有助于美国国防部的不同部门做出作战决策,包括战斗行动。

二、研发基础

人工智能技术的研究正在全球如火如荼地开展,随着AI技术的不断发展以及在军事上的广泛应用,未来战争将向智能化方向发展。美国已将人工智能作为一项重要的国家发展战略,近年来,无论是军队还是科研院校均致力于AI技术的军事应用研究,尤其关注AI在武器装备系统自主决策中的应用,以期在未来战争中获取优势。

(一)美军各军种加快人工智能决策辅助系统的开发应用

在20世纪,美军就通过部署各类军事智能化研究项目,开展大数据、智能算法研究,促进人工智能技术向情报处理、无人作战平台、指挥控制、武器装备系统、作战方式变革的渗透转化。自20世纪70年代起,美军借助人工智能技术启动了语音识别研究项目,之后又启动了多个项目,其中包括:保证无人车能够在多极化战场环境下执行任务的PerceptOR项目;开发了能为指挥员提供辅助决策的"深绿"系统。2009—2014年,DARPA先后启动了以"洞察""X数据""心灵之眼""文本深度挖掘和过滤技术"等为代表的大数据技术研究项目,探索利用智能算法,解决对抗条件下的态势感知、威胁判断和行动建议生成等问题。2017 年，美军成立"算法战跨职能小组"，将深度学习技术用于实战，加速作战数据与机器学习技术的有效融合。2020 年初，美国陆军采用越野自主技术使未来无人作战平台能够在复杂环境下做出高效决策。此外，美军还提出了"分布式作战""蜂群""马赛克战""多域战"及"全域战"等一系列与智能化技术相匹配的新型作战概念，以谋求新的不对称作战优势。2021 年，美国各军种加大了对人工智能辅助决策系统的开发力度，除本次美国海军开发的基于人工智能的高能激光武器火控决策辅助系统外，7 月，美国北方司令部在第 3 次全球信息主宰实验中对人工智能辅助决策能力进行了测试；8 月，美国陆军将其为实现多域作战最佳响应而开发的人工智能辅助决策系统——火力同步（FIRESTORM）系统与近 20 个现役系统进行连接，并将在 2021 年陆军融合计划中对其进行测试。

（二）各大学利用机器学习算法开发自主决策技术

美国麻省理工学院实验室利用机器学习算法开发出人机协同优化（CO-VAS）系统，进行自主决策，为用户提供实时舰船自防御方案。美国加州大学休斯研究实验室开展的"因果自适应决策辅助"项目，通过提取大量多源情报数据，为美国海军指挥中心给出优先行动方案。

特别值得关注的是美国海军研究生院近期开展的基于人工智能的激光武器自主决策辅助概念研究，该院采取分组负责制进行相关概念设计与论证分析工作，主要研究方向如下：

（1）用于舰载高能激光系统交战的自主决策辅助概念设计，包括：从其他平台传感器检索威胁信息，以及从武器调度调配中检索激光武器资源信息，为高能激光武器系统操作员制定交战方案。

（2）人工智能决策辅助工具的功能分析。尤其关注发射高能激光系统时所涉及的时间、大气条件、功率、目标材料等因素。

（3）杀伤链选择。研究人工智能自主决策辅助工具对动能武器与激光武器在给定威胁场景下的性能比较和性能预测能力，为指挥官和士兵选择何种武器去应对动态威胁提供决策支持。

（4）使用激光武器抵御未来无人机群研究。通过设定无人机群的配置、数量、类型，探索激光武器对无人机蜂群实施软/硬杀伤能力和交战时间，根据不同的交战场景和目标，制定出最佳作战方案，如软/硬杀伤或激光和动能武器组合等。

（5）战术能量管理研究。激光武器操作员作战时应了解和管理动态能量资源，及时了解可用的能量资源，并确定应对威胁所需的激光武器功率。

（6）人工智能机器学习方法研究。计算机通过大量数据或场景训练进行"学习"，机器学习算法可通过提供专家级激光武器系统知识库来增强实时决策辅助。将实时传感器数据提供的威胁目标信息和决策辅助工具进行评估和预测的结果，与机器学习知识库进行比较，机器学习知识库可就交战方案、瞄准点选定和激光停留时间提供准确的建议。

（7）人机协作研究。将人工智能应用于不同战术领域，AI自主决策辅助设计将纳入操作员应对威胁的快速反应能力，可根据威胁情况调整人机协作时间，并将支持战术杀伤链（包括激光武器杀伤链）所需的各种技能和决策，以及人类与AI系统之间的信任。

三、演示试验与成果

开发高能激光武器火力控制辅助决策系统的关键是优化人机之间的交互，建立操作员对系统的"信任"。美国海军水面作战中心达尔格伦分部研究团队在实验室和多台远程设备上进行了演示试验，模拟系统可自动提示正确方向，并建议下一步流程。

进行的一项人机实验中验证了系统的可靠性，使用模拟决策辅助设备收集了有关杀伤链时间、信任度、击中率、可用性和受工作量影响的数据；模拟机器学习算法（HEL FCDA 人因测试的基础），预测了产品的最终效能。针对给定目标，模拟辅助设备出示了能发挥激光武器效能的最佳瞄准点。试验结果表明，这种辅助系统可帮助士兵发挥作战潜力，在较短时间内能更精确地消灭敌人，尤其在人工智能和机器学习结合到战术场景中时，作战人员表现更好。

美国海军目前正在将第一代高能激光武器部署到前线服役。其中包括海军 AN/SEQ-4 光学眩目拦截器（ODIN）和 60 千瓦级"高能激光和集成式眩目与监视"系统（HELIOS）。试验结果表明，人工智能决策辅助工具可帮助士兵发挥作战潜力，并提高其在较短时间内更精确地消灭目标的能力。美国海军计划将该决策辅助系统纳入当前这些研发的项目中，进一步研究战术决策过程中的智能自动化和决策辅助技术，以增强当前和未来舰队的作战能力。

作战人员的未来测试包括：更广泛的精度范围、多变量分析；交互分析；非线性回归；单一/多重辅助建议；显示辅助置信级；快速接受高辅助置信；不合理/正确或错误的辅助影响；公布系统精度和来源；较大的闭合方差等。

四、几点认识

人工智能技术作为新一轮军事变革的核心驱动力，牵引着智能化战争形态的加速演变，其对支撑战争形态的诸多要素都会产生不同程度的影响。美国海军研发高能激光武器火控决策辅助系统，将加速人工智能技术在武器装备中的应用。

（一）高能激光武器火控决策辅助系统有助于美国海军更高效地操作高能激光武器

在人机协作中，作战人员可能会被大量的"计算机和系统交互"信息所困惑，美军高能激光武器火控决策辅助系统在准确性检测试验中展示了人工智能和机器语言方法的优势，可为士兵在战场上提供充足、可靠的信息及决策效率，从而增强战斗力。

（二）高能激光武器火控决策辅助系统可加快响应和消除威胁的速度，并优化人机协作

使用该火控决策辅助系统，士兵能够快速选择正确的瞄准点以便更精确地打击目标，极大地减轻作战人员承受的压力，加快对目标的反应和压制速度。系统通过优化人机协作，能够更精确地击毁目标，为夺取战争优势赢得宝贵时间。

（三）高能激光武器火控决策辅助系统与海军综合作战系统的互通将极大地增强其水面作战能力

该系统未来将与海军综合作战系统实现互操作。美国海军综合作战系统是其未来舰艇极其重要的复杂作战系统，一旦与高能激光武器火控决策辅助系统联合，其海军水面舰艇作战能力将变得更加强大。可以预见，高能激光武器火控决策辅助系统的加入将使美国海军舰队的防空反导力量得到极大的提升。

（四）借鉴美军的经验，加强智能化算法的稳健性

尽管人工智能技术拥有强大的算法，在决策过程中起着至关重要的作

用，但在稳健性方面仍存在出现错觉和不易控制的弱点。现代战场环境错综复杂，微小改变都有可能让智能化算法不再"智能"。加强算法的稳健性和可解释性，是发展通用人工智能迫切需要解决的问题。美军已将发展稳健性与可解释的人工智能系统作为下一代人工智能的重要研究课题。

（中国电子科技集团第二十七研究所　伍尚慧）

附 录

2021年先进防御领域科技发展十大事件

一、美国导弹防御局推进高超声速防御技术发展

2021年美国多举措推动高超声速防御技术发展。4月,美国导弹防御局发布"增强高超声速防御"跨部门公告,旨在发展与海军"宙斯盾"系统兼容的高超声速防御武器(图1),正式启动"滑翔段拦截弹"项目研发,并确定了3家承包商开展技术方案探索。6月,导弹防御局发布高超声速防御构

图1 诺斯罗普·格鲁曼公司提出的高超声速拦截概念

想,在模拟对抗场景中展示了未来高超声速防御作战的技术体系和交战模式,阐述了美国高超声速防御杀伤链闭合的关键要素。此外,美军还在2022财年为"高超声速与弹道跟踪天基传感器"申请2.93亿美元经费,进行跟踪算法的开发与卫星上红外传感器有效载荷的组装和集成。美国正从多方面齐头并进,寻求发展以天基预警、多域感知、协同拦截为核心的高超声速防御技术。

二、以色列开展机载激光武器反无人机测试

6月,以色列进行机载激光武器打靶试验。试验在以色列周边海域上空进行,激光器部署在民用飞机平台上,在约900米的飞行高度,成功拦截1千米外的多型无人机靶机,完成机载高能激光武器系统研制的第一阶段工作。综合分析,此次试验采用的激光器可能为固态二极管泵浦激光器,最大功率100千瓦。以色列表示开发该系统的目的除了应对无人机等威胁外,还包括拦截远程火箭弹,该系统能够在云层上空使用激光摧毁目标,具有全天候拦截能力。以色列机载高能激光武器拦截无人机试验成功(图2),说明

图2 以色列机载无人激光器实验图

其在激光器小型化、高质量光束、高精度跟踪瞄准、机体和气流振动、热管理等方面取得重要进展。此次试验将加速空基激光武器实战化应用,进一步强化以色列立体多层导弹防御系统,推动其防空反导能力发生战略性变革。

三、俄罗斯开展首次高超声速防御演习

10月,俄罗斯使用S-400等装备成功进行2021年首次反高超声速武器联合演习(图3)。来自俄罗斯多个军区的防空反导部队按照空天军防空反导指控中心统一协同的指令信息,针对巡航导弹和高超声速武器实施分层分区域多方向预警空天拦截作战演练。其中,俄罗斯防空作战单元在阿斯特拉罕州阿沙卢克靶场对模拟超高速目标靶弹进行了实弹拦截。俄罗斯正积极推进发展反高超声速武器拦截手段和战法创新。在美军尚未装备高超声速武器系统前提下,俄罗斯进行高超声速武器联合防御演习,通过战法创新和协同指挥,充分利用俄罗斯广阔的国土纵深,形成对高超声速武器探测和拦截能力,具有超前的战略意义。

图3 俄罗斯S-400防空反导系统拦截画面

四、美国连续开展海基末段反导齐射拦截试验

7月,美国导弹防御局与海军共同完成导弹防御拦截试验。试验中,"拉尔夫·约翰逊"号驱逐舰齐射4枚"标准"-6 Dual 2导弹(图4),同时拦截2枚模拟近程弹道导弹的靶弹,成功拦截了其中一个目标,另一个目标未成功拦截。此前5月美军还进行了一次拦截试验,齐射2枚"标准"-6 Dual 2导弹,拦截1枚模拟中程弹道导弹的靶弹,未获成功。两次试验是"海基末段弹道导弹防御"计划的一部分,该计划通过发展"宙斯盾"弹道导弹防御系统及"标准"-6导弹等装备,寻求为水面舰艇提供大气层内拦截弹道导弹的能力。未来,美军将持续提升"标准"系列导弹反导拦截能力,构建舰队导弹防御多层拦截能力。

图4 美国驱逐舰发射"标准"-6拦截弹

五、美国导弹防御局完成"远程识别雷达"初始部署

12月,美国导弹防御局在阿拉斯加克利尔空军基地完成"远程识别雷

达"初始部署（图5）。该雷达计划在2022年集成至"地基中段防御"系统和"指挥控制作战管理与通信"系统中，为2023年正式投入使用做准备。"远程识别雷达"是先进的高功率S波段宽视场有源相控阵雷达，采用氮化镓技术，具有两个探测视角为120°的雷达阵面，设计探测距离可达5000千米，可在远距离实现对洲际弹道导弹弹头和诱饵的精确区分，是美国正在构建的分层国土防御体系的重要组成。此外，该雷达采用开放式体系架构技术，为美军高超声速武器拦截系统的软件接入预留了空间，提高了雷达在软件系统领域的可扩展性和可兼容性，实现了"远程识别雷达"的多功能化。

图5　美国在阿拉斯加部署的"远程识别雷达"

六、美军探索开发分布式组网协同探测技术

11月，雷声公司联合美国海军，成功完成"组网协同雷达"项目演示验证，持续开展组网探测技术的相关研究（图6）。其间，两部SPY-6水

面雷达模拟器,通过分布式感知功能对目标进行协同探测,并生成完整的目标态势感知信息。演示证明,SPY-6等战术雷达可以支持该计划开发的先进雷达概念。多个基于"组网协同雷达"项目的传感器可协同识别和跟踪威胁目标,并实时传递探测信息以提高作战能力。"组网协同雷达"项目推动了下一代软件定义孔径技术的开发,因而其能力的持续发展得以确保,项目中开发的先进分布式雷达理念将使SPY-6雷达可通过体系协同实现战场间多作战单元聚合,无须更改硬件即可提升预警探测体系能力。在此之前,美国海军通过现役SPY-1开展了协同探测试验,此次验证试验中,美国使用了其下一代主力舰载雷达SPY-6,更具有实际作战的意义。

图6 雷声公司发布的SPY-6雷达装配过程

七、美国陆军首次试验无人机反无人机群技术

7月下旬,美国陆军在尤马试验场首次使用"郊狼"Block 3无人机以非动能攻击方式击落无人机群。演示中,地面作战车辆发射1架"郊狼"

Block 3 无人机,该无人机使用"非动能效应器"击落 10 架性能各异的无人机,随后实现地面回收。"郊狼"Block 3 是小型管式发射无人机(图 7),使用非动能系统压制对手无人机群,减少附带损伤,并能在战场上快速回收、维护和再利用,其"非动能效应器"预计采用了高功率微波技术。此次试验是"郊狼"Block 3 首次在空对空非动能作战中击落无人机群,表明利用低成本、管式发射无人机进行非动能攻击,已成为美军反无人机群的有效手段。

图 7 "郊狼"无人机示意图

八、美国陆军一体化防空反导作战指挥系统完成最终研发试验

7 月,美国陆军一体化防空反导作战指挥系统(IBCS)在新墨西哥州白沙导弹靶场完成了 IBCS 的第八次也是最后一次研发试验(图 8)。在此次

试验中，IBCS集成了迄今为止最广泛的传感器，验证了IBCS连接跨军种传感器的能力，为实战部署前的初始作战试验奠定了基础。试验中发射了两枚巡航导弹靶弹，一枚靶弹负责执行毁伤雷达的电子攻击任务，另一枚靶弹负责对高价值资产进行打击。来自第6防空炮兵团第3营的防空反导试验分队的士兵使用IBCS探测跟踪来袭巡航导弹，识别威胁目标，并发射"爱国者"-3导弹进行拦截。IBCS系统具有弹性、开放、模块化、可扩展架构的特点，能够高效且经济地集成网络资产，反无人机系统，第4、第5代战斗机，天基传感器等系统，实现"全域内所有传感器-最佳射手"的连通，为未来实现联合全域指挥控制下的作战奠定基础。

图8 美国陆军一体化防空反导作战指挥系统

九、英国海军首次在防空演习中测试人工智能技术

5月至6月期间，美国和北约盟国举行了两年一度的"强大盾牌"军事演习（图9）。在此次演习期间，英国皇家海军首次在海上防空反导场景中

测试了人工智能软件 Startle 和 Sycoiea。Startle 和 Sycoiea 人工智能软件被安装在"龙"号驱逐舰和"兰开斯特"号护卫舰上，Startle 旨在通过提供实时建议和警报，减轻海军作战人员在作战室监视"空中图像"的负担。Sycoiea 则在此基础上，为作战室团队提供有效识别来袭导弹的能力，并提出最佳武器使用建议，其速度比最有经验的操作员更快，Sycoiea 代表了人工智能在自动化平台和部队威胁评估武器分配领域的最前沿应用。

图 9　英国海军驱逐舰参演"强大盾牌"军事演习

十、美国陆军基于"分布式增益"技术开发 300 千瓦激光武器

10 月，美国陆军向通用原子电磁系统公司和波音公司授出合同，要求其联合研制 300 千瓦级固态分布式增益激光器。其中，通用原子电磁系统公司将提供其可扩展的"分布式增益"激光技术、电池系统和综合热管理系统（图 10）。"分布式增益"技术通过将板条激光器中的功率放大介质拆分

为数十片矩形薄片,并浸入特定冷却液体中,实现增大散热面积、提高散热效率、减小散热系统体积的目的,有望解决目前大功率激光器普遍存在的热管理难题。采用该技术的激光器具有换热能力强、体积小、重量轻、定标放大性好、单腔单模块系统简洁等优势,能够提升固体激光系统的输出功率和光束质量,或将成为未来高能激光的主力。

图10 采用"分布式增益"技术的车载激光武器概念图

2021年先进防御领域科技发展大事记

1月

雷声公司将为美国盟国制造新型"标准"-2导弹 1月11日,美国雷声公司获得一份价值850万美元的合同,为美国盟国和伙伴制造一批"标准"-2导弹系统。根据合同,雷声公司将为韩国、丹麦、荷兰、西班牙、日本制造该导弹。"标准"-2舰载导弹最新版本为"标准"-2 3C主动寻的型,它将"标准"-6增程型导弹的主动雷达导引头添加到"标准"-2导弹中。"标准"-2 3C将装备美国海军"提康德罗加"级巡洋舰和"阿利·伯克"级驱逐舰,可从Mk41垂直发射系统发射,用于应对固定翼飞机、直升机、无人机和反舰巡航导弹等威胁,也可用作高速反舰导弹。根据合同,雷声公司计划2023年3月前在美国、荷兰等地完成相关工作。

美国将建造可跟踪高超声速武器的原型卫星 1月14日,美国导弹防御局宣布,授予L3哈里斯公司一份价值1.21亿美元的合同,用于建造一颗能够跟踪高超声速武器的卫星原型。根据合同,L3哈里斯公司将于2023年7月完成卫星原型的建造工作。该卫星将作为导弹防御局"高超声速和弹道跟踪太空传感器"（HBTSS）的在轨演示验证原型。HBTSS 是一个位于近地轨道的卫星系统，由几十颗在轨卫星组成，能够探测并跟踪高超声速武器的飞行轨迹。HBTSS 的设计初衷是为了弥补美国导弹防御体系中高超声速武器防御能力的不足。高超声速武器比传统的弹道导弹更难以发现，而且还能够避开地面传感器的监视，这使得美国现役的基于地球同步轨道的红外传感器难以探测到高超声速武器。随着竞争对手高超声速武器的发展，美国国防部希望开发一个新的卫星系统，能够实时探测并跟踪来自世界任何地方的威胁。

美国太空军接收第五颗"天基红外系统"卫星 1 月，洛克希德·马丁公司已将第五颗"天基红外系统"地球同步轨道导弹预警卫星交付给美国太空军，预计于 2021 年发射。这是洛克希德·马丁公司 LM 2100 总线星座中的第一颗卫星。该总线是系统新升级的通用平台，非常灵活，允许用户进行更改以适应不同的任务需求。新卫星可以与星座中已有卫星兼容，并能抵御包括网络攻击在内的多种威胁。2019 年，"天基红外系统"卫星探测到近 1000 次导弹发射，这比过去两年增加了两倍。此外，第六颗"天基红外系统"卫星拟定于 2022 年从佛罗里达的卡纳维拉尔角发射。

诺斯罗普·格鲁曼公司加入"高超声速与弹道跟踪太空传感器项目"研发 1 月，美国导弹防御局已选定诺斯罗普·格鲁曼公司加入 L3 哈里斯技术公司团队，参与"高超声速与弹道跟踪太空传感器项目"的下一阶段研发，此举将影响雷声技术公司和莱多斯公司开发下一代在轨红外系统。1 月 22 日，导弹防御局授予诺斯罗普·格鲁曼公司价值 1.55 亿美元的固定价格原型合同，用于"高超声速与弹道跟踪太空传感器项目"第Ⅱb 阶段的其他交易。根据合同，该公司将为项目提供在轨原型演示，进行发射和早期轨道测试。导弹防御局已在 14 日授予 L3 哈里斯公司一份价值 1.21 亿美元的类似交付合同。导弹防御局表示，第Ⅱb阶段将继续开发支持火控级数据需求的能力。这些原型卫星将演示跟踪新型高超声速威胁杀伤链和弹道导弹上面级所必需的灵敏度和火控级服务质量。正在开发的主要技术之一是"信号-杂波"算法，用于将弹道导弹或高超声速威胁从地表背景杂波中识别出来。

美军透露导弹预警卫星系统下阶段计划 1月，美国太空司令部联军空间分部司令在一次采访中透露了美国"天基红外系统"的下阶段计划。他表示，美军在伊拉克遭到弹道导弹袭击事件中，"天基红外系统"起到了关键作用，是美国导弹预警卫星协同作战的重要实例。美军认为"天基红外系统"比想象的更敏感和有效。但美国实际上没有足够强大的地面系统来指挥和控制所有卫星，也缺乏可互换性、网络防御等能力。因此，未来美军将建立一个适用性强的地面指挥控制系统。此外，为了应对实时的威胁或者其他突发情况，不只是针对卫星和地面指挥控制系统，美军还将对军事卫星信息接收器和导弹预警接收器等其他军事设备进行部署和升级。

日本考虑加入美国的"卫星星座"计划 1月，据日媒报道，日本政府将考虑加入美国"卫星星座"计划，以应对来袭导弹威胁。该计划旨在通过部署一些配备智能传感器的低轨卫星来准确观察导弹。日本将以生产和发射部分所需卫星的形式加入该计划，并将在2021财年开始全面考虑合作的方式，以对抗俄罗斯和朝鲜等装备的新型导弹。日本还将推进红外传感器的研发。这种传感器可以探测和跟踪跨越广泛区域的先进导弹，并着眼于将其安装在卫星上。日本内阁于2020年6月批准了《日本太空开发与利用基本计划》，根据该计划，日本太空情报部制定了一项"采取必要措施"与美国"卫星星座"系统合作的政策。在日本内阁于2020年12月批准的2021财年初步预算草案中，日本政府预留了1.7亿日元（约163万美元）

资金用于开展调查和研究，包括利用"卫星星座"系统探测和跟踪高超声速滑翔武器的最佳高度。日本政府还拨款12亿日元（约1150万美元）用于高灵敏度、小型和轻型红外传感器的技术开发。

美国"宙斯盾"系统曾跟踪并模拟拦截高超声速滑翔弹 1月，导弹防御局披露在2020年3月进行常规快速打击计划飞行试验的同时，"宙斯盾"弹道导弹防御系统演示了跟踪远程高超声速武器的能力，并执行了模拟拦截试验。在高超声速滑翔体飞越太平洋过程中，"宙斯盾"系统发射了模拟的"标准"-6导弹。作战试验鉴定局罗伯特·贝勒局长在2020年选定武器系统报告中提到了这一事件。报告称，在2020年3月进行的其他飞行测试试验期间，一艘"宙斯盾"弹道导弹防御驱逐舰用模拟的"标准"-6双任务导弹拦截了1枚高超声速滑翔飞行器。海军新型DDG-51"阿利·伯克"级Flight Ⅲ驱逐舰的核心部件——AN/SPY-6（V）1防空反导雷达在试验中探测并跟踪了高超声速滑翔体。报告称，研发中的AN/SPY-6（V）1雷达位于考爱岛的太平洋导弹靶场设施中，在FEX-01试验过程中探测并跟踪了高超声速滑翔飞行器。此次跟踪和模拟交战旨在为2023年用"标准"-6导弹实弹拦截高超声速助推滑翔飞行器进行演练。

雷声技术公司对SPY-6雷达的生产和维护做好了准备 1月，雷声技术公司表示，已经为SPY-6雷达的生产和维护做好了准备，将在未来五年持续提供服务。雷声技术公司的SPY-6雷达生产记录、对自动化和近场测试设施的大量投资使该公司有望在2021年获得一份关键的SPY-6合同。雷声技术公司海军雷达项目主任斯宾塞预计将在2021年中获得该合同。根据海军的说法，该合同可能会同时发放给两家公司竞争，其中一家将是领导者，另一家为追随者。领导者和追随者都将负责生产、测试和交付指定数量的SPY-6。领导者将负责系统交付后的持续维护。

美国导弹防御局着手推动远程识别雷达能力升级 1月27日,导弹防御局发布了一份通知,将与洛克希德·马丁公司修改合同,以增强远程识别雷达的能力。此次升级为弹道导弹防御系统升级计划的一部分。导弹防御局正在准备一份单独的合同,用于洛克希德·马丁公司远程识别雷达的升级,推进远程识别雷达配置2型计划。该配置将增加新的功能,包括主动传感器偏差监测、太空态势感知和太空目标识别、低功率持续搜索、远程识别雷达与指挥控制战斗管理和通信系统的集成。导弹防御局最初计划于2020年12月开始运行远程识别雷达配置1型。现在计划于2021年6月开始运行远程识别雷达配置1型,并于2024年部署远程识别雷达配置2型。

2月

以色列与美国启动联合"杜松猎鹰"防空演习 2月3日,以色列国防军与美军欧洲司令部启动联合"杜松猎鹰"防空演习,重点关注弹道导弹威胁。该演习旨在模拟以色列面临弹道导弹和其他空中威胁的不同场景,促进美以两军的互操作性,提升应对弹道导弹的能力。由于新冠疫情,该演习主要以远程形式进行,其中以色列国防军位于以色列,美军位于德国和以色列。"杜松猎鹰"演习于2001年创立,此后每两年举行一次,最近一次于2019年举行。由于美国最近决定将以色列从美国欧洲司令部的负责区域转移到中央司令部的负责区域,此次演习可能是以色列国防军与美军欧洲司令部举行的最后一次联合"杜松猎鹰"防空演习。

美军将导弹防御系统互操作试验推迟至2028财年 2月,美军决定将测试"宙斯盾""萨德"与"爱国者"系统间互操作能力的飞行试验FTO-05推迟到2028财年。2021年1月,时任作战测试与评估总监的罗伯特·贝勒在向国会提交的一份报告中透露,导弹防御局未来将开展对"宙斯盾""萨德"和"爱国者"系统的评估。而导弹防御局此前并未公开有关 FTO-05 试验的相关消息。罗伯特在报告中指出,导弹防御局的试验已表明,改进系统间的互操作性能提高武器系统的交战效率。但是,在多种武器系统间开展互操作试验受到限制。"宙斯盾"系统已经与"萨德"系统开展了初步互操作试验,但尚未与"爱国者"系统进行试验。导弹防御局计划在飞行试验 FTO-05 期间,开展这三个弹道导弹防御系统间的互操作试验。该试验计划在 2028 财年进行。为了响应美国驻韩指挥官联合紧急行动的需要,导弹防御局致力于进一步改进"萨德"和"爱国者"系统,以在这两个系统间建立新的互操作性,实现更大范围的防御,并在任务规划和执行响应时具备更大的灵活性。美国陆军与导弹防御局计划 2021 年进行"萨德"和"爱国者"间的第三次飞行试验,验证两系统间新的链接方式。2020 年 10 月的飞行试验表明,"爱国者"系统能够使用"萨德"系统的雷达扩大防御范围。

美国导弹防御局寻求管理方法创新 2月,导弹防御局表示需要一种新方法来管理美国唯一的地基中段导弹防御系统,以保护美国本土。导弹防御局局长乔恩·希尔呼吁加强竞争,表示这是地基中段导弹防御系统创新驱动和新解决方案的源头。2020 年 10 月,美国政府问责局在有关美国导弹防御的报告中指出,牵头系统集成商的方式导致了不良的收购结果,并削弱了政府对收购的监督、透明度和工程敏锐度。美国会研究服务局的报告也得出类似的结论。牵头系统集成商的方式会产生透明度问题,这可能使联邦机构或国会更难以充分管理和进行有效监督,并有可能导致成本超支、进度延误、产品质量差和系统性能不足的风险。该报告还介绍了陆军的"未来作战系统"。该系统应用了牵头系统集成商的架构。"未来作战系统"是一个庞大而复杂的计划,由于成本增加,进度延误和其他问题,美国陆军于2009年取消了该计划。美国已为地基中段防御计划投入了20年的努力和530亿美元的资金，但其应对的威胁仍在急剧上升。当前，导弹防御局能够领导解决方案的设计和实施，但在各种地基中段导弹防御要素的复杂集成方面，导弹防御局仍需要协助。武器系统集成商应该履行这一职能。但是，技术设计授权和程序决策应由导弹防御局保留，而不是像之前那样委派给私人承包商。导弹防御局在制定地基中段防御的武器系统集成商概念时，各武器系统集成商应做到以下四点。一是要加强而不是阻碍导弹防御局与分包商专家或武器系统运营商之间的沟通；二是确保导弹防御局充分了解所有的能力和技术行业，并维护导弹防御局的决策权；三是利用领域专家来确定并确保计划变更的所有二阶和三阶效应得到充分呈现，以供导弹防御局审议和决策；四是培养协作管理方法，以确保导弹防御局与地基中段防御所有支撑承包商之间完全的透明和沟通。

美国与以色列开始研制"箭"－4导弹 2月18日，以色列国防部长本尼·甘茨发表声明，以色列已开始与美国联合研制"箭"－4反导导弹。"箭"－4导弹是"箭"系列导弹中的下一代中段下降段拦截弹，采用新型拦截器，将在10余年内取代现役的"箭"－2导弹。"箭"－4导弹的承研商为以色列航空工业公司，研制工作将由以色列导弹防御组织和美国导弹防御局联合开展。以色列现役导弹防御系统由"箭"－2和"箭"－3导弹组成。其中，"箭"－3导弹曾于2017年3月拦截了叙利亚境内发射的地空导弹。

诺斯罗普·格鲁曼公司完成"陆基战略威慑"项目首次设计评审 2月16日，诺斯罗普·格鲁曼公司宣布，已于2020年11月完成了美新型陆基洲际弹道导弹"陆基战略威慑"项目的首次设计评审。经过为期3天的评审，美国空军已批准了诺斯罗普·格鲁曼公司的工程和制造计划，已开始向政府移交项目数据。此次评审以虚拟方式举办，参与人数超过了100人，距空军向诺斯罗普·格鲁曼公司授出合同仅2个月。空军和诺斯罗普·格鲁曼公司便开始以数字工程方式研制"陆基战略威慑"项目。政府和承包商将在虚拟环境中协同工作，能达到相比传统方式更为密切的合作。根据合同，诺斯罗普·格鲁曼公司将在2029年交付首枚"陆基战略威慑"导弹。

沙特阿拉伯防空部队在利雅得上空拦截5架无人机和弹道导弹 2月27日，伊朗支持的也门胡塞武装向沙特阿拉伯首都利雅得发射了1枚导弹。沙特阿拉伯领导的联军表示，这枚弹道导弹在威胁利雅得之前就被摧毁，联军还摧毁了从胡塞地区发射的5架装满炸药的无人机。联军发言人表示，周日早上又拦截一架无人机。沙特阿拉伯国营电视台在推特上发布了一段视频，展示了导弹被拦截的那一刻。视频显示，1枚导弹（可能是爱国者导弹）击中了胡塞武装的导弹。

3月

俄罗斯"布克"–M3防空系统具备在山区摧毁无人机的能力 3月，俄罗斯消息报报道，最新型"布克"–M3防空系统已具备在山区高地打击无人机的能力。据俄罗斯国防部消息，俄军在北奥塞梯山区举行的南部军区第58军第67防空旅演习中测试了"布克"–M3防空系统，成功验证了该系统在山区强烈无线电干扰下远距离探测并摧毁小型无人机的能力。与"布克"–M2防空系统相比，"布克"–M3防空系统可携带导弹数量由4枚增至6枚。1套"布克"–M3防空系统最多可同时击中4个速度为3千米/秒，2.5~70千米范围内的目标。1个导弹营可击中36个目标。杀伤率高达95%~97%。"布克"–M3是俄罗斯第四代中程地空导弹系统，可在火力密集和无线电电子对抗条件下，打击无人机、巡航导弹、战术弹道导弹、飞机、直升机等空中目标。

美国导弹防御局授出"下一代拦截弹"合同 3月23日,导弹防御局宣布,向洛克希德·马丁公司和雷声公司团队授出"下一代拦截弹"合同。该合同的授出,标志地基中段防御系统自2004年部署后最重大的一次升级正式开始,对地基中段防御系统未来的发展意义非常深远。合同共授予两家团队:雷声公司团队所获合同总价值39.32亿美元,合同期限为2021年3月至2026年5月;洛克希德·马丁公司所获合同总价值36.93亿美元,合同期限为2021年3月至2025年8月。两家公司将根据合同,全面开展拦截弹的研发,包括助推器和弹头中装备的杀伤器,并根据美国国防部目前的导弹防御战略,为"下一代拦截弹"进行技术开发和风险降低工作,使该系统能够在敌对环境中生存,同时还能应对新出现的威胁。

印太司令部继续推动在关岛建设陆基"宙斯盾" 3月9日,美国印太司令部司令戴维森在出席参议院军事力量委员会听证会时表示,关岛已成为攻击目标,美军必须为之作战。戴维森称,关岛住有17万美国军人和平民,拥有1个战略深水港、1个机场和大量的弹药及燃料储藏设施用于力量投送。因此,关岛在未来的亚太冲突中将成为关键。关岛已成为目标,需要为未来的威胁做好准备。区域国家已开始在电视宣传片中公开展示使用轰炸机攻击安德森基地的画面。戴维森称,一部陆基"宙斯盾"系统可以抗击来自陆、海、空的弹道导弹和巡航导弹威胁。目前部署于关岛的"萨德"系统无法做到这一点。戴维森认为,关岛的陆基"宙斯盾"可以向区域国家发出信号,即其无法轻易将关岛打击出局。戴维森还称,陆军的"一体化防空反导作战指挥系统"和空军的"先进战斗管理系统"因尚未部署,无法满足需求。而仅仅寻求机动系统是在忽视2026年前威胁的紧迫性和复杂性,也是忽视对区域内集成火力的多域指控节点的需求。

"低层防空反导传感器"原型机将交付美国陆军 3月,雷声公司将向美国陆军交付首款新型"低层防空反导传感器"(LTAMDS)雷达的原型机,并在今年夏天进行关键测试。预计2022年9月,首批6部"低层防空反导传感器"原型机将通过美国陆军初步测试。如果雷声公司按时完成任务,那么"低层防空反导传感器"从最初合同授予(2019年10月)到投入运行,仅仅不到3年,这对美国国防部来说,是很大的进步,因为这在很大程度上是通过使用简化的"其他交易授权"流程,而不是通过传统合同规定实现。目前,雷声公司仅与陆军签订了购买6部"低层防空反导传感器"原型机的合同,而非最终的批产合同。雷声公司仍在根据军方对原型机的反馈来调整设计。最终陆军希望更换所有"爱国者"雷达,包括训练、测试及作战单位雷达,预计雷达总数超过80部。"低层防空反导传感器"不仅是"爱国者"系统的下一代新型雷达,也是首部从一开始就与一体化防空反导作战指挥控制系统兼容的雷达,其探测跟踪半径是"爱国者"现有雷达的2倍。

"铁穹"系统完成升级,可同时应对无人机和火箭弹 3月,以色列国防部16日宣布,"铁穹"系统在最近一次升级测试中成功实现同时应对多架无人机和火箭组合,提高了应对多种复杂威胁的能力。在此前进行的测试中,"铁穹"系统已被证实能有效应对巡航导弹。国防部官员莫西·帕塔尔表示,在近几个月内的3次系列测试中实现了"铁穹"系统能力的"技术飞跃"。升级后的系统将被整合到以色列空军和海军中,并安装在新型"萨尔"6型护卫舰上。国防部长本尼·甘茨表示,"铁穹"系统和多层导弹防御系统提供的技术优势是以色列防御系统和安全的基石。其中"铁穹"系统是多层导弹防御系统的最底层,中层为"大卫投石索"系统,射程最远的是"箭"系统和"爱国者"系统,这些系统在冲突时可拦截不同威胁目标，维护以色列安全。

美国太空发展局寻求提高过顶持续红外目标识别和捕获的新算法　3月，美国太空发展局正在寻求改善过顶持续红外传感器上的自动目标识别能力，并正在寻找"新出现的算法"来帮助识别高速目标，包括高超声速滑翔飞行器、巡航导弹和机动再入飞行器等。据3月10日的通知称，复杂环境下的目标识别和捕获工作将面向小型企业。太空发展局对改进过顶持续红外传感器上目标识别和分类的算法技术感兴趣。威胁场景想定是一次突袭中有几十个武器威胁，并具有很高的机动性，速度数倍于声速，呈密集队形，背景杂乱而且对比度低。这种想定下成功识别和捕获目标的概率将显著下降。太空发展局希望在未来4年内将新功能集成到作战系统中，并提出了要在计算资源、大小、重量和功耗方面对传感器主机平台或支持系统不需要严苛要求下，实现这些算法和能力。第一阶段的工作将集中于开发一个建模和仿真框架，以开发算法并进行交换空间分析。第二阶段包括验证算法的高级开发工作。第三阶段将把该算法与有效载荷、数据处理软件相结合，并对其进行飞行测试，可能用于2026年底太空发展局发射的跟踪层卫星。

美国首次进行印太地区导弹防御系统联合试验　3月12日，美军完成了对印太地区反导部队（包括驻韩防空旅）为期两周的联合军事演习，以保持战备状态并确保执行任务的能力。本次演习是美军在太平洋地区部署的反导部队首次举行联合演习，旨在针对弹道导弹威胁制定作战计划、共享军事情报并实施遏制。本次演习的参演部队包括：美军驻日空军第5航空队，驻夏威夷第94陆军防空反导司令部，驻日第38防空炮兵旅，驻韩第35防空炮兵旅，驻关岛E-3"萨德"防空炮兵旅。本次演习是采用计算机模拟方式进行的联合指挥所训练。美军假设朝鲜向日本方向发射弹道导弹，美军对弹道导弹进行探测、跟踪和拦截，以测试美军的响应能力和双向通信能力。另外,还对"萨德"系统和"爱国者"系统进行了联动测试,还可能进行了太空情报收集演练。韩国部队没有收到美军参演的邀请,日本自卫队则派出人员观摩演习。相关消息显示,美军印太司令部麾下的导弹部队之间尚未完全解决数据链问题。所以,此次演习在朝鲜发射导弹的想定下,使驻韩美军35旅和驻日美军38旅掌握将各自侦察到的情报传往夏威夷和关岛部队的操作要领。未来,美军计划继续举行第94陆军防空反导司令部下属导弹部队的演习。

诺斯罗普·格鲁曼公司准备对"一体化防空反导作战指挥系统"进行初始作战测试和评估 3月,美国诺斯罗普·格鲁曼公司已成功完成了"一体化防空反导作战指挥系统"的硬件更新和整修,并将主要终端产品返还给美国陆军。主要终端产品包括交战作战中心,一体化火控网络中继器等,这是自交付以来美国陆军一直在使用的"一体化防空反导作战指挥系统"组件。在去年的有限用户测试期间,这些主要终端产品被用于白沙导弹靶场的恶劣沙漠气候中。在成功完成有限用户测试之后,24个"一体化防空反导作战指挥系统"的主要终端产品被送到诺斯罗普·格鲁曼公司位于亨茨维尔的制造中心,以检查和评估其性能。根据检查结果,对主要终端产品进行了零件更换和重新评估,然后返回陆军进行现场验收测试,直到"一体化防空反导作战指挥系统"的下一个重大事件:初始作战测试和评估。"一体化防空反导作战指挥系统"是美国陆军防空反导现代化战略的核心,以应对不断变化的战争性质。该系统是一种软件定义的、网络支持的指挥和控制系统,旨在连接所有领域的力量,对不断发展的威胁采取统一行动,集成和优化"任何传感器、最佳效果器",以实现联合多域作战和指挥控制。

以色列完成巴拉克增程导弹拦截试验 3月,以色列航空工业公司宣布成功完成了巴拉克防空系统的一系列实弹射击试验。试验测试了巴拉克系统在一系列威胁场景中的能力，包括巴拉克增程导弹拦截弹道目标的能力。巴拉克增程导弹由以色列航空工业公司研发，能够拦截 150 千米处的防空目标，以及弹道导弹目标，是不同射程的巴拉克系列拦截弹的一部分。通过将拦截弹和多功能雷达能力调整到 150 千米范围来扩展导弹射程。垂直发射的巴拉克导弹包括助推器、双脉冲火箭发动机和先进的雷达导引头。

德国国防部暂时搁置下一代防空系统计划　3 月，德国国防部搁置了下一代防空系统的计划，转而投资反无人机技术，并升级该国老化的"爱国者"部队。国防部官员对国会议员们说，他们计划从 2023 年开始对"爱国者"导弹防御系统进行现代化改造，以保持该系统在 2030 年之前的可用性。这一决定意味着制造商雷声技术公司的胜利。在周二宣布这一消息之前，各方已经对两种选择进行了数月的研究，一种是昂贵的用于摧毁尖端导弹和飞机的导弹防御系统，另一种是用于拦截敌方无人机的廉价武器。根据德国国防部的一份声明，在第二步中，柏林官员希望部署一套新的防御系统，以应对短程威胁。官员们说，该项目有可能引发欧洲范围内的合作。声明还说，与其他欧盟和北约伙伴联合采购"欧洲无人机和防空"系统的计划可能正在酝酿之中。

法国和意大利升级联合防空导弹系统　3 月 24 日，法国和意大利宣布正在合作开发新一代 SAMP/T 防空系统。"新一代 SAMP/T"计划将改进现有系统，使其更好地应对用于融合了网络攻击、诱骗、多重干扰和饱和攻击场景的更快、更隐蔽、机动性更强的新威胁。法意两国自 2016 年以来一直在开发未来"紫菀"30 B1 NT 扩展能力导弹，增加了该导弹的射程。为此，该计划将通过集成使用了最新技术的主动电子扫描阵列雷达升级火控系统。法国表示该计划还将提高北约的弹道导弹防御能力。SAMP/T 系统将装备法国空天部队和意大利陆军，可提供中程地空防御能力，对抗目标为飞机和部分弹道导弹。该系统包含一个多功能火控雷达、一个陆基发射系统和"紫菀"30 B1导弹。

L3哈里斯公司建造跟踪高超声速武器的卫星原型 3月，美国导弹防御局近期授予L3哈里斯技术公司一项价值1.21亿美元的合同，以建造一个在轨原型演示。L3哈里斯公司的任务是为"高超声速和弹道跟踪空间传感器"建造卫星原型。"高超声速和弹道跟踪空间传感器"是位于低地球轨道的卫星星座，能够探测跟踪高超声速武器。该星座旨在填补高超声速武器引起的导弹防御系统架构空白。高超声速武器比传统的弹道导弹更暗淡，这使得它们更难以被位于地球同步轨道的红外传感器发现。鉴于中国和俄罗斯发展这类武器，国防部希望开发新的星座，以探测并跟踪来自任何地方的威胁。"高超声速和弹道跟踪空间传感器"位于离地球表面更近的低轨道上，这样能够更容易看到威胁。但由于传感器距离地球更近，它们的视野比地球同步轨道上的传感器要小得多。为了实现全球覆盖，导弹防御局需要一个由数十颗卫星组成的星座。

4月

美国导弹防御局发布方案征集公告推动高超声速防御项目 4月，美国导弹防御局启动了一个部署滑翔阶段拦截器的项目，这是美国军方在10年内发展反高超声速能力的一项重大努力，该项目要求业界就与海军"宙斯盾"作战系统兼容的武器提出建议，以期尽快在今年夏天授出研发合同。美国导弹防御局发布了一项名为"增强高超声速防御"的"特殊主题"方案征集公告征求意见书，表明该机构正在探索可能支撑新能力的基础技术。公告指出："导弹防御局寻求创新的概念，提供负担得起的、可靠的、高容量的、鲁棒的能力,在飞行的滑翔阶段防御区域高超声速威胁和其他高级威胁","这一特殊主题的方案征集公告旨在满足科学研究和实验的要求,旨在推进最先进的技术和/或增加知识和理解,以此作为识别和发展强大的创新概念、刺激技术创新和利用科学突破的手段。"导弹防御局发言人马克·赖特曾经在2月3日称,"初始的滑翔段拦截弹预计将在21世纪20年代中期至后期投入使用,这取决于行业的反应,最初的计划部署日期是21世纪30年代初。"预计导弹防御局将把为支持区域滑翔段武器概念而开展的工作纳入滑翔段拦截弹计划。此外,新项目预计将利用国防高级研究项目局与诺斯罗普·格鲁曼公司在滑翔突破者项目上工作内容,该项目是一项先进技术的开发计划,旨在使轻型拦截器能够击败高超声速助推－滑翔武器。与此同时,美国国防部继续鼓励5项独立的反高超声速技术开发工作:得克萨斯州的洛克希德·马丁导弹和火控公司以及加利福尼亚州桑尼维尔的洛克希德·马丁系统公司正在研究两种拦截器概念:基于末段高空区域防御拦截弹的DART项目和基于"爱国者"3 MSE拦截弹的"瓦尔基里"项目。波音公司正在开发一种被称为超高速拦截武器系统(HYVINT)的高超声速防御概念,雷声公司正在提出一种"标准"－3导弹的发展型"鹰",以及一种非动能的概念。

美国导弹防御局调整地基中段防御系统合同 此前,"下一代拦截弹"合同正式授出,导弹防御局计划更改地基中段防御系统现有的开发和维持合同,计划在一个名为"GMD Futures"的新项目下授出5个合同,其中包括2个竞标合同及3个定向合同。4月20日,导弹防御局发布地基中段防御系统的意见征询书草案,这是两个计划中的竞争项目中的第一个。该合同主要关注地基中段防御系统拦截弹的设计、开发、测试和部署。通过该合同将继续操作人员培训、地基拦截弹和下一代拦截弹的软硬件开发、提高杀伤器通信带宽等工作。此前,导弹防御局向波音公司授予了价值110亿美元的地基中段防御系统相关合同,该合同最初于2011年授予,原定持续到2023年底,但由于波音在下一代拦截弹竞标中被淘汰,导弹防御局于近期调整了相关合同。

首套"机动近程防空"系统在欧洲部署 4月23日,美国陆军未来司令部声明,位于德国安斯巴赫的第10陆军防空反导司令部第5营第4防空炮兵团,已经接收到了"机动近程防空"系统。该部队是欧洲第一支接收"机动近程防空"系统的军队,并将继续测试"机动近程防空"系统。"机动近程防空"系统是一款基于"斯特赖克"A1战车的系统,集成了伦纳德DRS公司设计的任务装备包,其中包括雷声公司的"毒刺"导弹发射器。通用动力陆地系统公司是"机动近程防空"系统的主要承包商,并于2020年10月获得了12亿美元的建造和交付该系统的合同。由32辆车组成的首个"机动近程防空"营,将在2021年9月投入使用。"机动近程防空"系统原型车已经完成制造,正在装配中,该系统旨在防御无人机、旋翼机、固定翼飞机、火箭弹、火炮和迫击炮的威胁。从2021开始,美国陆军将向4个营部署144套该系统。同时美国陆军已经分别与诺斯罗普·格鲁曼公司和雷声公司签订了合同,为"机动近程防空"系统生产50千瓦级的激光武器,并计划到2022财年,将其中一种激光武器系统集成到4套"机动近程防空"系统中。

俄罗斯成功试射新型反弹道导弹拦截弹 据俄罗斯国防部4月26日发布的一份声明称,俄罗斯航空航天部队空中和反弹道导弹防御部队战斗队在哈萨克斯坦共和国萨利-沙甘试验场成功试射了一枚反弹道导弹防御系统的新型导弹。俄罗斯航天部队反弹道导弹防御编队少将谢尔盖·格拉布丘克介绍,该反弹道导弹系统的新型拦截导弹可靠地证明了其固有特性,作战小组完成了试射任务,成功以所需的精度打击模拟目标,拦截导弹的速度超过 3 千米/秒,是卡拉什尼科夫突击步枪子弹速度的 4 倍以上。

美国公司展示定向能机动近程防空系统 美国陆军副参谋长约瑟夫·马丁将军 4 月 29 日参观了科尔德公司定向能机动近程防空系统原型,并表示美国陆军仍将在 2022 财政年度部署 4 套该防空系统。该系统是对"标准"机动近程防空系统的补充,使用一个 50 千瓦的固体激光器,安装在一辆斯特瑞克装甲车上,旨在加热敌人的迫击炮、火箭炮和无人飞行器,直到它们爆炸。马丁表示,陆军尚未决定购买多少套系统,以及这些系统将用于何处,但首批 4 套将部署在欧洲。他补充说,陆军将在未来几周对原型系统进行实弹测试。

美国导弹防御局通报夏威夷导弹防御雷达信息 4 月,美国导弹防御局的某小组近日向考艾县议会通报了有关导弹防御雷达的信息。据估计,耗资 19 亿美元的夏威夷国土防御雷达需要 200～400 人建造,随后将有 100 多人在此地工作。自 2018 年提出建设夏威夷导弹防御雷达以来,曾考虑多个部署地点,目前正讨论的地点包括瓦胡岛的 Kahuku 训练区 1 号基地和位于考艾岛的太平洋导弹靶场设施。此外,还有一个替代方案。雷达旨在增加探测导弹袭击和保卫美国及其盟国的机会,在 2017 和 2021 财政年度从《国防授权法案》中获得资金。太平洋导弹靶场设施位于 Kekaha 以西,是由美国海军管理的测试和训练基地。如果选择该地,导弹防御局将利用灯塔路最南端的入口,并要搬迁现有导弹靶场设施,以便为夏威夷导弹防御雷达、数据终端、散装燃料储存,以及其他各种设施和存储区腾出空间。

美军工团队演示了摧毁小型无人机的能力 4 月初,3 个工业团队在亚利桑那州尤马试验场演示了使用低附带损伤拦截器摧毁小型无人机的能力。演示期间,针对固定翼和四旋翼飞行器等不同威胁目标设置了 16 种场景,并以各种不同的模式飞行,如以不同的速度直飞,穿过和悬停。波音公司旗下极光飞行科学公司演示了其配备气枪的二级四旋翼飞行器系统 MIDAS。当四旋翼飞行器靠近威胁目标时,气枪高速发射 6 枚子弹,目的是摧毁威胁目标的旋翼。以色列埃尔塔系统公司的子公司演示了无人机杀伤无人机技术。该四旋翼飞行器比 MIDAS 小,并在顶部配备了网系统,其意图是靠近威胁目标并笼罩目标,最终二者落地。该系统不可重复使用。以色列初创公司 Xtend 的无人机也使用了网系统,但它是将自己移动到目标上方,将网覆盖在威胁目标的转子上,然后无人机与网分离,这样无人机就可以重复使用。

加拿大皇家海军水面护卫舰将配备"海洋受体"防空系统 4月19日,MBDA 公司与加拿大洛克希德·马丁公司签订合同,用于为加拿大皇家海军新水面战作战系统(CSC)配备"海洋受体"(Sea Captor)防空武器系统。"海洋受体"防空武器系统将使用通用防空模块化导弹(CAMM)作为其效能倍增器,在新型水面战护卫舰上承担近距防空任务。"海洋受体"具有出色的自卫能力、快速响应时间和高射速,可以同时击败多种威胁。其最先进的软垂直发射(SVL)技术可实现 360°全方位覆盖。"海洋受体"系统将与加拿大洛克希德·马丁公司的作战管理系统 330(CMS 330)集成,作为其多层防空能力的一部分。新水面战作战系统项目计划将进一步加强 MBDA 公司与加拿大洛克希德·马丁公司之间的伙伴关系,同时"海洋受体"防空武器系统和 CMS 330 作战管理系统将为加拿大皇家海军提供世界一流的海上防空能力。

希腊正式签署协议向沙特阿拉伯提供"爱国者"防空系统 4月,希腊与沙特阿拉伯的外交及军事部门领导近日举行了会谈。会后希腊宣布将向沙特阿拉伯提供"爱国者"系统,用于油田等关键设施的防御工作。希腊还与海湾合作委员会签署了一项合作协议。希腊外长表示本次合作"是我们国家与海湾国家合作所迈出的一大步，也为西方能源的更广泛安全做出了贡献"。希腊本次向沙特阿拉伯提供"爱国者"系统主要是为了应对也门胡塞武装对沙特阿拉伯油田等能源设施的袭击，近期也门胡塞武装多次使用无人机和导弹攻击沙特阿拉伯关键能源设施。本次希腊向沙特阿拉伯移交的"爱国者"系统应该为希腊军方现役装备。本协议主要是为了帮助沙特阿拉伯应对骤增的防空压力，尚不确定"爱国者"系统日后是否会交还给希腊。沙特阿拉伯本身就向美国购买了大量的"爱国者"系统，在使用"爱国者"系统方面具有较为成熟的经验，装备移交后能够快速形成有效防护能力。

以色列"巴拉克"增程型防空导弹系统完成系列试验 4月20日，以色列航空工业公司宣布，成功完成"巴拉克"增程型防空导弹系统的系列试验，包括使用"巴拉克"增程型拦截弹拦截攻击型弹道导弹。"巴拉克"增程型防空导弹系统由以色列航空工业公司开发，有海基和陆基两种型号。系统装备了"巴拉克"增程型拦截弹及先进雷达，能够拦截距离150千米的战斗机、弹道导弹、巡航导弹、无人机、直升机等各类空中威胁。此外，装备了智能发射器，不需要现场指挥所就能够独立管理并发射各类拦截弹。

美国海军借助无源传感器发射"标准"-6导弹 4月19日至26日，美国海军举行"无人一体化战斗问题21"演习。演习期间，美国海军借助无源传感器，开展"标准"-6反舰导弹发射实验，并成功击中舰载雷达探测范围外目标。实验期间，打击目标装备一个小型雷达反射器和一个能发出电磁信号的中继器。无人机、有人/无人水面舰的传感器检测到打击目标中继器的信号，并传输给"约翰·费恩"号驱逐舰。驱逐舰分析信息并确定目标位置后，发射一枚"标准"-6导弹，成功击中400多千米外的目标。此次实验验证了美国海军借助无源传感器混合网络增强目标探测能力。无源传感器网络能够共享目标数据,但不易被目标发现。与功能强大但易被侦测的有源传感器相比,使用无源传感器可更有效降低反舰导弹对水面舰艇的威胁。

5月

俄罗斯 S-400 防空系统在克里米亚举行演习 5月25日,俄罗斯黑海舰队新闻办公室宣布,已在克里米亚进行了 S-400 系统的防空演习。在演习过程中,俄军定点投送假弹药和模拟炸药,对其军事基地进行攻击。一个 S-400 导弹营借助"铠甲"-S 弹炮结合防空系统的保护实现了到备选阵地的转移和重新部署,随后采取一系列措施探测、锁定、跟踪并控制目标,最后通过电子发射成功将目标摧毁。

以色列公司竞相发展多种反无人机系统 5月,美国和以色列同意成立一个机构间工作组,以关注日益增长的无人机威胁。自2018年以来,美国国会一直支持以色列获取对抗无人机系统的技术。以色列国防公司制造的反无人机系统包括使用拦截弹对抗大型无人机的防空系统,以及针对较小威胁的各种系统。埃尔比特系统公司推出了车载战术系统为车队提供保护,可检测、识别、跟踪和压制小型无人机。航天工业公司子公司易达系统公司已推出第四代带有无人机护卫队的机动式反无人机解决方案。该方案有多种检测能力和反击工具,包括硬杀伤和软杀伤。其中一种使用无人机来反无人机;另一种使用安装在步枪上的智能射击系统,能对数百英尺外的无人机进行精确射击。拉斐尔公司的无人机穹顶系统去年升级了系统能力,除用干扰机来阻止无人机外,还可以在更短的距离内使用激光。

韩国国防发展局开发出激光功率增强技术 韩国国防发展局5月25日

宣布开发出一种可用于未来武器系统的激光功率增强技术。该技术基于光谱光束合成技术，可将不同波长的多个激光组合成一束，其最直接的应用是基于激光的防空系统。该项目始于 2015 年，2020 年完成。目前，韩国国防发展局已将光谱波束组合技术应用于千瓦级激光模块，将 5 台 1 千瓦级光纤激光器集成到一个 5 千瓦级高质量激光模块中。韩国国防发展局表示，如果将其开发为武器系统，则可用于防御包括无人机和导弹在内的各种空中威胁。

美国空军研究实验室测试空基微波武器技术 5 月，美国空军研究实验室定向能局及其行业合作伙伴雷声技术公司在新墨西哥州南部白沙导弹靶场测试最新定向能技术。该新型技术名为"反电子高功率微波增程型空基防空系统"，是一种基于空基平台的高功率微波武器系统，对多个目标实施可扩展的打击效果。项目副主管称，此次测试是多年努力的成果，旨在证明该系统能够按预期执行。该技术的优点包括：机动能力强，可同时应对多种非动能杀伤威胁，可反复使用，具有较高的成本效益，无须进行弹药补充，即便在没有命中目标的情况下唯一的损失也仅仅是很少的能量。在未来一年，美国空军将继续开展相关测试，验证相关技术的可行性，然后再进行实验室技术的工程化和实战化。

美国太空军将为导弹预警卫星星座设计数字模型 5 月 27 日，美国太空军宣布，已选择两家公司为下一代导弹预警卫星星座设计红外传感器数字模型。雷声技术公司和千禧太空系统公司获得了相关合同。根据合同，将评估下一代过顶持续红外卫星的传感器是否可以有效探测和跟踪弹道导弹。目前，美国太空军正在建造下一代过顶持续红外卫星星座，以取代天基红外系统，全天候探测和跟踪弹道导弹威胁。初始星座中将包括 5 颗卫星：3 颗处于地球同步轨道，另外 2 颗覆盖地球两极区域。洛克希德·马丁公司是首批 3 颗地球同步轨道卫星的主要承包商，2018 年公司获得价值 29

亿美元的合同，2021年获得价值49亿美元的建设资金。诺斯罗普·格鲁曼公司于2020年获得24亿美元资金，开始进行极轨道卫星的设计工作。空间与导弹系统中心项目执行官表示，为下一代导弹预警卫星系统建立数字模型是该中心数字工程战略的关键组成部分，它使政府能够在自动化数字环境中整合和连接多个承包商模型，合理评估导弹预警系统架构。空间与导弹系统中心尚未公布合同价值，也没有透露预期交付时间，只是指出承包商要通过有效载荷关键设计审查并交付数字模型。

美国陆军变更一体化防空反导项目 5月，美国陆军一体化防空反导项目办公室运营主任威尔克森称，虽然已获批转向低速初始生产，但国防部采购主管已下令对美国陆军一体化防空反导作战指挥系统进行几项变更。一是陆军将创建一个通用的方法使一体化防空反导作战指挥系统以及和它合作的传统产品提高可靠性；二是项目管理办公室将与执行办公室合作，重新设计装载硬件的拖车。2021年1月一体化防空反导作战指挥系统获准进入低速初始生产，威尔克森称当时评估该计划可靠性的方式上存在"脱节"。此次修改必须在10月之前，也就是获准转入低速率生产后9个月内完成，最快可能在7月份就可以完成。威尔克森称，到2022财政年度第三季度，陆军的"爱国者"和"哨兵"雷达将完全与一体化防空反导作战指挥系统集成，全速生产的决定定于2023财年第一季度做出。

美国导弹防御局声称已在印太地区装备高超声速防御能力 5月，美国军方已在印太地区发展并部署了新的作战能力，重新利用现有的传感器和指挥控制系统来探测和跟踪高超声速武器。据导弹防御局发言人Ryan Keith称，这项先前未报道的在印太地区防御高超声速武器的能力已经运行了近两年，由导弹防御局根据美国印太司令部的要求于2016年9月开发，具体细节是保密的。Ryan Keith称，"2019年6月，运营试验期结束，8月，美国印太司令部验收了能力"。该项目的资金是作为指挥控制、作战管理和通信计划的一部分。根据作战测试和评估年度报告,在海军2018年度"太平洋之龙"演习期间,导弹防御局试验了弹道导弹防御系统的持续过顶红外架构(BOA)第一个即时交付版本5.1和指挥控制、作战管理和通信螺旋8.2-1版本。2018年印太司令部完成了螺旋6.4到8.2的升级。美国政府问责局报告称:"螺旋8.2-1提高了传感器覆盖范围、弹道导弹跟踪管理和网络安全,优化了跟踪规模性突袭的能力和处理新威胁以支持美国防御的能力。"

雷声公司将为"萨德"导弹防御系统建造高性能雷达 美国雷声技术公司称,将为第八套"萨德"弹道导弹防御系统建造额外的高性能导弹防御雷达系统AN/TPY-2。AN/TPY-2被设计用于探测、捕获和跟踪来袭导弹,并利用其强大的雷达和复杂的计算机算法区分来袭导弹弹头和诱饵。AN/TPY-2雷达可以在两种不同模式下部署:在前置模式下,雷达位于敌方领土附近,在助推段发现弹道导弹,进而跟踪和识别威胁,并将决策者所需的关键信息传递给指挥与控制作战管理网络;在末段模式下,雷达在末段探测、捕获、跟踪和区分弹道导弹弹头和诱饵,并引导萨德导弹击中目标。AN/TPY-2是一种高分辨率、可移动、可快速部署的X波段雷达,能够提供远程捕获、精确跟踪以及对短程、中程和中远程弹道导弹的识别,用于防御所谓流氓国家和组织的弹道导弹。依据合同,雷声公司将在马萨诸塞州沃本市进行这项工作,并于2024年12月之前完成。

美国国防部估算下一代拦截弹项目共耗资177亿美元 根据美国国防部成本估算与项目评估办公室的一项独立成本估算,下一代拦截弹项目全周期耗资177亿美元,包括开发成本131亿美元,部署成本23亿美元,另外22亿美元用于运营维护21枚拦截弹。成本估算与项目评估办公室表示,导弹防御局在下一代拦截弹研发阶段将采购10枚原型弹，另外将采购21枚拦截弹部署到阿拉斯加。若不包括研发成本，21枚拦截弹采购单价为1.11亿美元，共23亿美元。而包括原型弹在内的31枚拦截弹的采购单价为4.98亿美元，共154亿美元。

北约举行"海上演示/强大护盾2021"防空反导演习 从2021年5月15日开始，美国和北约盟国在英国国防部位于苏格兰西岛附近的赫布里底靶场举行"海上演示/强大护盾2021"（ASD/FS）实弹综合防空反导（IAMD）演习。根据导弹防御局的预算文件，演习计划进行四项重大活动。此次演习旨在评估美盟的互操作性，以及指挥与控制结构应对亚声速、超声速和弹道导弹威胁的能力。此次演习由北约海军打击与支援部队代表美国第六舰队举行，比利时、丹麦、法国、德国、意大利、荷兰、挪威、西班牙、英国和美国等10个国家将派遣15艘舰艇、10架飞机和大约3300名人员参与此次演习。北约指挥机构和北约总部将在演习中发挥指挥和控制作用，并将空中联合司令部总部、联合空中作战中心乌埃德姆分部和新组建的北约航天中心纳入其中。演习将使用"减少飞行时间助推"弹药、"标准"－2、改进型"海麻雀"（ESSM）、"紫菀"－15和"紫菀"－30导弹，针对包括"女妖""米拉奇"和Firejet亚声速靶机以及地面发射的GQM－163A"草原狼"超声速靶机实施打击，并使用"标准"－3导弹进行弹道导弹防御试验。此次演习以西班牙F－105型克里斯托弗·哥伦布号护卫舰作为旗舰，阿利·伯克级导弹驱逐舰保罗·伊格纳修斯号也将参与演习。演习利用北约的指挥与控制报告结构，在实弹环境下演示互操作性。综合防空反导任务负责人乔纳森·利普斯上尉说，北约海军打击与支援部队的综合防空反导操作人员登上西班牙"宙斯盾"护卫舰"克里斯托弗·哥伦布"号，指导和授权海上"鱼叉"发射装置和美国海军陆战队高机动炮兵火箭系统向海上目标射击,展示了空前的可扩展性和集成性。"海上演示/强大护盾"系列演习计划每两年举办一次,此次演习的融合程度很高,包括美国陆军欧洲部队,美国空军欧洲部队和美国海军陆战队欧洲部队,其中包括各分支机构、美国空军欧洲部队的飞机和挪威的地面部队。演习是由海上战区导弹防御论坛计划和支持的,该论坛由12个国家组成,旨在提高海上导弹防御系统的互操作性和部队能力。

美国导弹防御局"标准"-6导弹齐射拦截试验失败 5月29日,美国导弹防御局联合海军,开展"宙斯盾"武器系统飞行试验。该试验旨在演示配备弹道导弹防御系统的宙斯盾舰使用两枚"标准"-6导弹齐射,拦截中程弹道导弹目标。然而,此次拦截试验失败。导弹防御局已经启动调查,将对试验结果进行彻底分析,并确定拦截失败的可能原因。

美国导弹防御局寻求开发新的反高超能力的方法 5月,导弹防御局宣布正在利用一种双轨方法来开发和部署分层反高超声速能力,导弹防御局局长乔恩·希尔海军中将5月13日在海军研究生院举办的一次在线活动上首次公开介绍了这一计划。该计划包括将成熟的助推器和杀伤器技术用于滑翔阶段和末段击毁系统的第一次迭代,同时致力于一个长期的解决方案,该解决方案是基于一种为大气层内超高速作战而优化的武器设计。希尔12日在麦卡利斯会议上表示(也是首次公开表示),海基反高超能力可以用于陆地用途,以保护地面部队和关键基础设施免受超快速机动武器的攻击。

地基中段防御系统服役周期延长计划 5月,导弹防御局正在投资一项服役周期延长计划,以改进地基中段防御系统,直到下一代拦截弹准备投入使用为止。2020年,导弹防御局提出以"宙斯盾"系统/"标准"-3 2A和改进型"萨德"系统为底层架构的构想。导弹防御局局长希尔表示,"地基中段防御系统服役周期延长"计划是美军为防御朝鲜快速发展的远程弹道而提出的，而"下一代拦截弹"是至少要到2028年才能交付一种新型拦截弹。2019年底，美国北方司令部对"下一代拦截弹"项目发展可能长达十年而感到担忧，并提出朝鲜可能在2025年前挑战地基中段防御系统，而地基中段防御无法有效保护美国本土。导弹防御局试图缓解这些担忧。一是通过设定在2028年前交付"下一代拦截弹"的目标，并签订了两份具有现金激励措施的开发合同，以加速"下一代拦截弹"交付。二是2020年导弹防御局提出了一项重大建议，提出构想，将"宙斯盾"系统/"标准"-32A和改进型"萨德"系统，作为国土弹道导弹防御架构中的第二层和第三层。由于该构想缺乏诺斯罗普·格鲁曼公司的支持，因此拜登政府尚未公开讨论该提案。美国国会去年提出一项临时的地基拦截弹升级计划，但美国国防部表示反对，认为该计划会占用"下一代拦截弹"的资源。同时，过去两年中，美国国会为"地基中段防御系统服役周期延长"计划增加了5.7亿美元预算。"地基中段防御系统服役周期延长"计划授权对现有"动能杀伤器"进行升级，以提高性能、可靠性、寿命周期，确保"下一代拦截弹"服役前，地基拦截弹仍具备实战能力。导弹防御局正在评估地基拦截弹推进系统的状态，并更新一次性设备、流程和威胁库。

导弹防御局表示"下一代拦截弹"研究进度可能提前 导弹防御局局长乔恩·希尔在5月12日的麦卡利斯会议上表示，尽管国防部计划在2028年获得"下一代拦截弹"的首枚原型，但是他认为导弹防御局将提前数年获得新的拦截器。现阶段，两个联合团队正开展"下一代拦截弹"风险降低阶段的研制工作。希尔对"下一代拦截弹"的研制工作充满信心，表示导弹防御局计划在新拦截弹小批量生产前进行一次独立的飞行测试，以确定"下一代拦截弹"的技术状态和基本性能，降低后续可能面临的风险。这一测试预计将在2025—2026年期间开展。

美国陆军导弹防御需要持续的资金投入　美国陆军太空和导弹防御司令部负责人卡布勒表示,陆军需要可预见的资金来全力研发新的防空反导系统,如果没有更多资源,陆军无法承担重大的新责任。预计在5月28日拜登政府公布预算需求时,陆军将面临预算削减。陆军官员表示将努力保护军队现代化的优先事项,但可能会面临一些妥协。在未来几年内,陆军计划部署机动近程防空、一体化防空反导作战指挥系统(IBCS),并升级防空反导能力。卡布勒表示,由于技术和对手能力的加速进步,因此陆军需要继续开发和升级系统,以保持领先。如果陆军对研发中保护关岛的陆基"宙斯盾"计划负全部责任,资源可能会特别紧张。除了系统成本外,运行陆基"宙斯盾"系统将挑战陆军防空反导部队本已紧张的人力。陆军正在研发高超声速导弹等新能力,可以减轻"爱国者"等现役反导系统的负担。陆军将在2023财年开始部署高超声速导弹,在敌方威胁起飞前予以打击。卡布勒还参与讨论了传统系统与即将推出的联合全域指控系统接通并具有完全互操作性的必要性。目前,美国陆军已经通过一体化防空反导作战指挥系统解决了这个问题。

美国导弹防御局透露太空跟踪和监视系统退役信息　5月,导弹防御局计划让于2009年发射的"太空跟踪和监视系统"(STSS)卫星退役。这两颗卫星服役时间已达其原始预测使用寿命的3倍。导弹防御局局长乔恩·希尔本周在两场在线会议上,披露了这一计划的进展,并预计在2023年开展"高超声速和弹道跟踪空间传感器"星座的在轨测试,因此未来将不再需要STSS。STSS卫星验证了天基传感器在探测、跟踪、识别和报告弹道导弹从起飞到飞行中段再入过程和拦截中的作用。自2009年STSS卫星入轨以来,五角大楼已在STSS上花费了近9亿美元。根据导弹防御局预算文件,导弹防御局使用STSS提供的传感器监测数据,来描述空间数据对弹道导弹防御系统的贡献，并支持未来国土和区域防御的太空项目。

日本防卫省评估海基"宙斯盾"系统成本　5月，日本防卫省一份内部文件显示，用于替代陆基"宙斯盾"系统的海基"宙斯盾"导弹防御系统，可能比目前废弃的陆基系统花费至少多1倍。一位政府官员表示，海基"宙斯盾"系统不仅不能发挥替代系统的作用，而且成本将大幅上升。成本飙升被认为是国防部决定在2020年6月放弃陆基"宙斯盾"导弹防御系统的主要原因。政府官员估计，为保护日本而安装维护2套陆基"宙斯盾"系统的总费用约为4500亿日元（41亿美元）。2020年12月，政府批准将陆基"宙斯盾"装备转让给2艘驱逐舰，作为替代导弹防御系统。防卫省官员公布了2艘驱逐舰的"宙斯盾"设备估计费用在4800亿~5000亿日元之间。但装备需要不断的维修保养，防卫省官员并未透露这些费用。11月编制的一份内部文件表明，海基"宙斯盾"未来30年间的维护费用预计在3792亿~3842亿日元之间。这些数字是根据美国和主要造船公司提供的数据计算得出的。这将使海基"宙斯盾"系统的总成本接近9000亿日元，约为陆基"宙斯盾"系统最初估计成本的两倍。

美国将向加拿大出售4套"宙斯盾"导弹防御系统　5月，美国国务院已批准向加拿大出售洛克希德·马丁公司制造的搭载AN/SPY-7雷达的"宙斯盾"导弹防御系统，后续将等待国会批准。本次军售主要内容包括4套"宙斯盾"战斗系统、4套AN/SPY-7雷达、3套MK 41垂直发射系统及其附件和技术支持，总计价值高达17亿美元。五角大楼表示，搭载AN/SPY-7雷达的"宙斯盾"导弹防御系统将搭载在加拿大未来水面战斗舰（CSC）上。该舰在BAE系统公司研制的英国26型驱逐舰基础上发展而来，这将显著提高加拿大在全球范围内与美军协同作战的能力。未来，加拿大水面战斗舰将能够在战场上接入美军传感器网络，从而实现作战信息共享及作战任务协同。

以色列将为菲律宾提供"斯拜德尔"防空系统　5月,菲律宾政府批准拨款2.52亿美元用于军事采购,以推动"第二地平线"计划,提高军队现代化水平。根据该计划,菲律宾政府将采购陆基防空系统、中型运输机和轻型坦克。据悉,这笔预算拨款的主要受益者将是以色列埃尔比特系统公司和拉斐尔公司,其中7150万美元将用于购买"斯拜德尔"防空系统。"斯拜德尔"防空系统是以色列拉斐尔公司在"怪蛇"5近程空空导弹和"德比"中程空空导弹基础上改进的中低空防空导弹系统,主要用于对付低空飞行的固定翼飞机、直升机、无人机、巡航导弹等空中目标,为地面固定设施和机动部队提供防空保护。

美国太空部队发射第5颗导弹预警卫星　5月17日,美国联合发射联盟在卡纳维拉尔角41号航天发射中心将美国太空部队第五颗地球同步天基红外系统卫星送入轨道。天基红外系统提供全球全天候覆盖,探测导弹发射,并对美国作战人员可能面临的威胁提供关键的早期预警。天基红外系统由4颗地球同步卫星组成,每颗卫星有两个传感器,一个持续监测扫描地球,另一个为战区任务提供更精确覆盖的跟踪。此外,太空部队在大椭圆轨道上的主卫星上运行两个天基红外系统有效载荷,用扫描传感器覆盖极地地区。第5颗天基红外系统卫星将进入为期6个月的测试期,最终将取代2011年发射的首颗卫星。

美国太空军寻求建立新雷达站以追踪高轨道物体　5月,美国空军航天与导弹系统中心计划2021年6月30日之前向工业界发布一份深空雷达传感器原型需求建议书。该传感器可以追踪位于35400千米以上轨道的卫星和空间碎片。"深空高级雷达概念"(DARC)原型概念项目由美国空军于2017年启动,将选择一个或多个承包商参与开发。太空军预计未来几年每年将投资 1.4 亿美元至 2 亿美元用于 DARC 原型设计和测试。美国空军航天与导弹系统中心表示，在未来几年中，最多将建造 3 个永久的、地理位置分散的雷达站，预计耗资约 10 亿美元，但位置尚未确定。

美国海军进行"标准"-3 拦截弹道导弹互操作试验　5 月 26 日和 5 月 30 日，在北约"海上演示/强大盾牌 2021"演习中，美国海军"阿利·伯克"级导弹驱逐舰"保罗·伊格内修斯"号（DDG 117）发射了两枚"标准"-3 导弹，成功拦截了从赫布里底群岛发射的弹道导弹靶弹。此次拦截试验中，荷兰皇家海军的"HNLMS 德泽文普洛文西恩"（F802）号舰使用其"SMART-L MM/N"雷达提供了预警弹道轨迹。收到此轨迹信息后，"保罗·伊格内修斯"号能够计算出发射"标准"-3 Block IA 导弹并消除威胁的解决方案。美军认为，此次实验展示了将盟国完全整合到以前由美国独立承担的任务中的能力，这种具有极高技术水平的互操作性是导弹防御的关键。"海上演示/强大盾牌 2021"演习旨在探索试验场景设计的复杂性，从而预测未来现实世界的威胁。该演习为美军提供了一个可以使用北约弹道导弹防御架构的一部分，并在北约作战区域开发潜在的战术、技术和程序的机会。

美国空军将授出 4.9 亿美元合同以研制反无人机系统　5 月，美国空军计划在 2021 财年授出一份价值 4.9 亿美元的合同，以应对小型商用无人机的威胁。4 月 13 日，美国空军发布了一项提案，寻求对抗小型无人机技术，包括快速研究、开发、原型制作、演示、评估和过渡。美国空军计划把合同授予一家供应商，该供应商可与其他公司合作来提供各种反无人机产品。合同期限为 72 个月。根据招标文件，美国空军希望测试多种反无人机系统，并在引入技术的同时购买"有限数量的反无人机系统"以抵抗复杂地理区域或其他因素的威胁。美国空军在公开招标中尚未明确表示所需的具体技术解决方案。但美国空军研究实验室在 2019 年 12 月公布的一份演示文稿中曾指出，网络和电子战技术、激光和微波设备等定向能武器及动能拦截器是潜在选择。

6 月

美国国防部研究提升关岛一体化防空反导能力 6 月，美国国防部正在研究将海军"宙斯盾"系统和陆军"一体化防空反导作战指挥系统"与导弹防御局"指挥控制与作战管理通信"系统相连接的可行性，以保护关岛免遭潜在对手先进导弹的威胁。为响应美国印太司令部在 2026 年前升级导弹防御能力的要求，导弹防御局在 2022 财年预算中申请了 7800 万美元，发展关岛防御能力项目，以期在关岛构建一体化防空反导能力。美国印太司令部希望在关岛引入 360°、持久的防空反导能力，并建议将部署陆基"宙斯盾"系统作为一种解决方案。目前，美国国防部正在评估关岛一体化防空反导架构的可选方案。最终的架构设计将根据美国国防部成本与项目评估及导弹防御局架构研究的结果来确定。美导弹防御局 2022 财年的预算资金将用于支持通用架构开发和选址分析，包括美国陆军和美国海军系统之间的集成工作。具体工作是在陆军"一体化防空反导作战指挥系统"、海军"宙斯盾"系统与导弹防御局"指挥控制与作战管理通信"系统之间开展"联合跟踪管理能力桥梁开发"项目，以推进美国陆军和美国海军防空反导能力的整合。该项目还包括"加速海基末段"能力，旨在使"标准"-6 导弹更有效地对付先进威胁。

美国海军陆战队进行机动式"铁穹"防空装备巡航导弹拦截试验 6 月，美国海军陆战队一直在研究将"铁穹"发射装置和拦截弹与美军装备进行结合的可行性，目的是发展本国的中程威胁拦截能力。美国海军陆战队正在对"铁穹"系统（以色列拉斐尔公司制造）进行试验，将其"重新部署"在大型战术车辆上，为其提供机动能力。简氏防务网站报道称，如果试验进展顺利，海军陆战队司令部将考虑在2022年将其投入部署。该系统包括两个主要部分：第一部分，一套战术车辆与指挥控制系统，以及一套战斗管理控制系统；第二部分，发射装置和拦截弹安装在车辆上，在保持"铁穹"原有拦截能力的同时，为其提供战术机动能力。

美国太空军计划2025财年具备过顶持续红外系统发射能力 6月，美政府问责局新发布的《年度武器系统评估》报告显示，尽管最新的成本评估预测，下一代过顶持续红外系统第1颗T0批次地球同步卫星的发射将推迟两年，但该项目似乎仍在朝着2025财年发射日期迈进。空军成本分析局在2020年6月更新的对下一代过顶持续红外系统的成本评估显示，预计该项目的首颗卫星发射可能从2025年推迟到2027年，原因是预计有效载荷交付和集成问题。然而，根据政府问责局报告和太空军2022财年预算文件，该项目仍在努力满足其原定的时间表要求，在2025财年之前为第1颗T0批次地球同步轨道卫星提供初始发射能力。太空军2022财年预算申请中的24亿美元用于下一代过顶持续红外系统，其中约11亿美元用于T0批次地球同步轨道卫星，5.14亿美元用于地面部分。根据预算说明文件，该请求比太空军2021财年的预计高出约1亿美元，因为T0批次极轨道卫星的资金增加了2亿美元，而空间现代化倡议资金减少了1亿美元。

美国导弹防御局解决弹道导弹跟踪关键难题 6月，美国正在推进超声速和弹道跟踪空间传感器项目，并克服了其中一个重要障碍。美国军方宣布已克服下一代天基传感器项目中的一个重要技术障碍，从而能够对远程超声速目标和弹道导弹实现全程跟踪，并为地面武器提供火控数据。美国导弹防御局称，计划到2023年发射一个超声速和弹道跟踪空间传感器。该系统具备红外能力，能够在太空俯视条件下将昏暗目标与地面和海洋环境温度区分开来。6月9日，导弹防御局局长乔恩·希尔在参议院军事力量委员会战略部队小组作证时表示，我们可以做到这一点，这种能力将为我们提供全球覆盖能力；现在的问题是如何在俯视条件下解决目标和背景区分问题。超声速和弹道跟踪空间传感器是一个计划中的低轨卫星项目，旨在利用商业和军用卫星来解决远程目标全程跟踪问题。今年1月，导弹防御局确定两家公司开发在轨原型演示，缩小了该项目的竞争领域，并授予了诺斯罗普·格鲁曼公司和L3哈里斯公司卫星开发和建造合同，用于2023年发射和早期轨道测试。

美国导弹防御局开展未来关岛导弹防御系统架构最终审查 6月，导弹防御局局长希尔表示，他们正在对《2021财年国防授权法》授权的一份报告进行"最终审查"，对未来关岛导弹防御系统的潜在架构进行最后修改，旨在为国防部领导人提供"最大"选择，以决定如何在2026年之前对美国西部领土进行360度全方位防御，以对抗对手先进的巡航、弹道和高超声速导弹。希尔表示，这种能力很可能是目前系统的"混合体"。根据去年美国印太司令部司令的要求，关岛复杂的拓扑结构不适合直接复制为罗马尼亚建造的陆基"宙斯盾"系统。导弹防御局将提出采用现有的传感器、指挥控制系统及拦截弹，并以独特的方式将它们联系在一起。希尔在战略与国际研究中心主办的一次在线活动中说："很多人只是第一时间想到了陆基"宙斯盾"，但仅这一型装备可能满足不了我们的需要。我们已经不再考虑"特定"系统，关岛防御系统最终会成为某种混合体。目前我们已知，任何关岛新型防御系统都需要传感器、指控系统和通信网络及拦截武器。随着导弹防御局的架构评估、成本评估和项目评估办公室正在计算新关岛防御系统的成本，导弹防御局在2022财年预算中，为关岛申请7800万美元，用于规划陆军一体化空中和导弹防御作战指挥系统（IBCS）、"宙斯盾"武器系统和"指挥控制作战管理和通信（C2BMC）"系统之间的"联合轨道管理能力桥梁开发"工作，"促进陆军和海军资产之间的更大集成"。

俄罗斯完成 S-500 新型拦截弹试验　6 月，俄新网报道，俄罗斯已经完成 S-500 防空系统新型反超声速目标拦截弹试验。此次试验在哈萨克斯坦萨里沙甘训练场进行，试验取得圆满成功，新型拦截弹准确命中目标。俄罗斯国防制造商 Rostec 负责人谢尔盖·切梅佐夫称，S-500 首批装备将于今年交付部队，批量装备计划于 2025 年启动。S-500 "普罗米修斯"机动防空导弹系统具备近地轨道火箭和航天器打击能力，可应对超声速目标，可进行陆路或空中运输，并可根据威胁进行部署。S-500 的拦截弹种包括用于打击大气层内目标的 40N6，以及用于打击近地轨道目标的 77N6。同时，S-500 还配备"叶尼塞"远程抗干扰雷达，该型雷达具备在不发射雷达波的情况下为防空武器提供目标指示的能力。

美国海军陆战队开发新型防空系统　美国海军陆战队正试图为未来的反舰巡航导弹部队开发一种新型防空系统，目的是在远征环境中夺取海上控制权。负责战斗发展和一体化的海军陆战队副司令埃里克·史密斯中将于 6 月 8 日称，负责反舰导弹发射、态势感知及数据传递的部队必须免受敌方空中威胁；我们必须保持高度的机动能力，必须具备依靠现有建制装备实现人员物资输送，其重点之一是防空导弹系统的射程和部署的规模。美国海军陆战队目前正在对海上防空综合系统及陆基防空系统进行投资，试图在射程、杀伤力和机动性之间找到平衡，但是问题尚未完全解决。海上综合防空系统是一个车载导弹系统，配备全向火控雷达，可用于拦截飞机和巡航导弹。史密斯认为，该型防空系统能够有效拦截伊朗无人机，具有很强的能力，但现在的问题是射程不足且体积过大，从而对导弹携带数量造成了一定限制。目前，海军陆战队正与海军和行业合作伙伴一起努力解决这个难题。

美国海军陆战队测试基于北极星全地形车底盘的轻型综合防空系统　6月，美国海军陆战队低空防空部队已获得海军陆战队综合防空系统（MADIS），对低空飞行的敌机实施地面防空。MADIS系统具备雷达和电子战能力，一般安装在联合轻型战术车上，而轻型MADIS系统则安装在更为紧凑的北极星全地形车上。当前，叙利亚、沙特阿拉伯、伊拉克、也门和阿富汗等国的商业无人机发动的袭击有所增加，主要针对平民和当地基础设施。因此在美国中央司令部内，轻型MADIS系统将主要用于保护美国和盟国免受敌方无人机系统的打击。美国海军陆战队已经在中东部署部队中装备了MADIS系列防空系统。该系统具备低空无人机探测能力，在完成雷达识别之后，操作员就可以锁定目标并发起攻击。同时，MADIS系统还具有无线电静默能力，可实现打击突然性，并保证海军陆战队继续掌握战场主动权。

美国国防部和太空军计划组建多轨道传感器网络　美国《太空新闻》6月报道，千年空间太空系统公司和雷声公司正在开发中轨道太空传感器，随后应用到美国分层导弹防御系统中。美国太空军宣布选择千年空间太空系统公司和雷声公司来开发具备中轨道高超声速导弹跟踪能力的传感系统。如果开发成功，上述中轨道传感器可能成为美国分层导弹防御系统新的组成部分。目前该系统包括地面、海基和太空传感器。美国的目标是形成一个多轨道太空传感器网络，探测并跟踪弹道导弹和高超声速导弹，这也是美国太空军、国防部太空发展局和导弹防御局目前正在追求的目标。太空军投入了数十亿美元，要求洛克希德·马丁公司和诺斯罗普·格鲁曼公司分别建造新一代红外地球静止卫星和极地轨道卫星，目的是提高导弹发射的全球预警能力。同时，美国太空发展局和导弹防御局正在开发低轨传感器卫星，目的是探测并跟踪高超声速滑翔飞行器以及其他可规避当前预警卫星、舰载和地面雷达传感器的先进武器。

以色列机载高功率激光武器首试成功 6月21日,以色列国防部宣布,其机载高功率激光武器在一次试验中成功拦截了多架无人机。该演示系统被誉为"以色列国防空能力的战略变革",并有可能为以色列的多层次综合防空系统增加至关重要的能力。虽然这种新型高功率激光器已经针对无人机进行了测试,但参与试验的官员发表声明表明,该系统的设计目的也是为防御火箭弹袭击。这次演示是由以色列空军的"雅纳特"导弹测试单位、以色列国防研究与发展局(DDR&D)和以色列国防承包商埃尔比特系统公司共同完成的。此次演示,多架无人机在测试靶场上空被机载激光系统拦截和摧毁。测试中使用的高功率激光武器被安装在"塞斯纳"飞机机身后部左侧一块有窗的玻璃后面。关于激光系统能力的细节还没有公布,但DDR&D的研发主管亚尼夫·罗特姆准将表示,该系统成功拦截了距离超过1千米的无人机。尽管以色列国防部曾表示,激光系统在恶劣天气或云层中无法正常工作,但这款新型机载激光系统能够"在高空有效拦截远程威胁,不管天气状况如何"。尽管激光系统前期采购和研发成本可能很高,但每次拦截的成本比动能拦截弹要低得多,因此,激光系统相比动能拦截器仍具有优势。以色列国防部长班尼·甘茨表示,新系统的展示"在成本效益和防御能力方面都具有重大意义,并且将在更大范围内增加一层新的防护,面对各种威胁,可以保护国家安全,同时降低拦截成本"。

美国陆军部署新型反无人机系统 美国陆军已经开始部署新型反小型无人机系统,该系统同时还具备拦截巡航导弹的能力。美国陆军称,为了准备在战场上应对无人机威胁,4月19日至5月7日,第4步兵师部分人员在部署到美国中央司令部之前,在科罗拉多卡森堡参加了首次反小型无人机训练。同时,陆军还将部署5人编制的反小型无人机机动训练队,并由此训练队继续为驻扎在中央司令部责任区内的其他部队提供培训。机动训练队由1名队长和4名系统训练员组成，具备一系列学科专门知识，具体包括威胁系统、无人机飞行员和防空炮兵等领域的知识。同时，课程可根据部队需求进行定制，涵盖从基本的威胁识别和跟踪到联合反无人机行动等多个主题。美国陆军目前正在收集部队的反馈意见，并在此基础上构建培训课程的下一次迭代。

俄罗斯外交部官员就美欧反导设施提出军控提议 6月，针对美国在波兰部署陆基"宙斯盾"导弹防御系统的举动，俄罗斯外交部副部长里亚布科夫6月25日对媒体表示，俄罗斯准备将美国驻欧洲反导系统纳入俄罗斯军事计划。里亚布科夫指出，美国最初在欧洲部署反导系统的意图是防止中东的导弹威胁，但这一意图如今已被忽略。无论是驻波兰的反导系统还是驻罗马尼亚的反导系统，都已是美国全球反导系统的组成部分。这一系统的能力持续改进，规模持续扩张。俄罗斯将把美国这一举动纳入俄罗斯军事计划中。里亚布科夫提议，目前是美国和北约考虑俄罗斯提出的不在欧洲部署中程精确打击设施提议的"好机会"。为使俄罗斯相信美国生产的中程导弹并未部署在欧洲，应检查位于波兰雷兹科沃的陆基"宙斯盾"导弹防御系统。

美国导弹防御局将重点关注非动能软杀伤技术 6月，据一位军方高级官员称，五角大楼正着眼于下一代弹道导弹防御系统，该系统增加了包括一种潜在的高功率机载激光器在内的定向能武器。导弹防御局局长乔恩·希尔预计，在未来十年乃至更长的时间里，由集成传感器、指挥和控制工具等组成的价值2000亿美元的系统，将从根本上改变五角大楼正在部署的弹道导弹防御系统。希尔表示，未来的弹道导弹防御系统将是动能和非动能的混合体，将包含硬杀伤和软杀伤。大型导弹不可能解决所有威胁。最新的

"宙斯盾"拦截器标价3600万美元,不包括开发成本。下一代拦截导弹是计划中最新增加的一种,每枚导弹的成本估计接近5亿美元。

日本或在舰上安装陆基"宙斯盾"雷达　日本防务省计划将美国国防巨头洛克希德·马丁公司的SPY-7陆基雷达系统安装在本国海上自卫队的"宙斯盾"舰上。在日本新型舰用雷达竞标中,洛克希德·马丁公司SPY-7与雷声技术公司的SPY-6入围,后者是美国海军采用的舰用雷达系统。根据美方的解释,日本方面认为SPY-7在性能和成本方面更具优势,但是舰体可能会更大。2020年6月,日本取消了在明田县和山口县部署陆基"宙斯盾"系统的计划,后来决定建造新舰并将其作为替代方案。据日本海上自卫队消息人士称,该型"宙斯盾"雷达将安装在舰桥的4个位置上,以便实现全向监视;同时由于重心升高,需要对舰船平台采取一种能够减少海浪摇摆的设计方法。

美国雷声导弹与防御公司将升级海基X波段雷达　6月,雷声导弹与防御公司将联合美国导弹防御局,使用重新设计的环境友好型材料更换海基X波段雷达(SBX)的冷却系统。此次升级将显著提升海基X波段雷达的可靠性,同时显著降低能耗和温室气体排放量:估计年耗能可降低435万千瓦时,二氧化碳当量排放量可降低约1.8万吨。海基X波段雷达是一种浮动式、螺旋桨推进的机动雷达站;宽73米、长119米、压载后排水量近5万吨;能够获取、跟踪并识别弹道导弹的飞行特性,支持美国导弹防御局开展导弹防御系统试验。

欧洲导弹集团增程型通用防空模块化导弹达成重大里程碑　6月,通用防空模块化导弹的增程型号成功试射,欧洲导弹集团达成重大里程碑。本次导弹试射在意大利进行。据欧洲导弹集团称,该增程型号导弹旨在打击高度为40千米以上的空中威胁目标;该增程型号可垂直冷发射并装备有主动射频导引头。意大利陆军和空军的目的是将增程型通用防空模块化导弹整合到本国的新型地（水）面防空系统中。同时，通用防空模块化导弹系列系统已经装备英国陆军和海军，并出口到多个国家。3月，该型导弹已经获得一份增程型号的国际合同。

美国雷声技术公司获得Mk 15近防武器系统升级合同 6月，美国海军海上系统司令部授予雷声技术公司下属导弹和防御业务部门一份合同，用于Mk 15近防武器系统的升级和改装。该合同价值1.365亿美元，还包括其他附加项，若全部履行则累计价值超过3.44亿美元。雷声技术公司生产的Mk 15近防武器系统是一种快速反应、快速射击、20毫米口径近防炮，旨在对来袭反舰巡航导弹和固定翼飞机实施近距离打击，为美国海军舰艇提供内层点防御能力。该型武器大量装备在所有美国海军水面战斗舰艇以及24个盟国海军舰艇上，此份合同涉及的相关公司还包括诺斯罗普·格鲁曼、波音和洛克希德·马丁等主要导弹防御公司。

7月

以色列"巴拉克"增程型防空拦截弹的射程增大一倍 7月，以色列航空航天工业公司将生产增程型"巴拉克"拦截弹，从而将"巴拉克"远程防空导弹的射程从70千米增加到150千米，并具备弹道导弹拦截能力。增程型"巴拉克"拦截弹即将加入现代化但已经非常成熟的"巴拉克"导弹武器系统系列，该系统经过实战验证，能够最大限度地提高应对当前威胁的能力，尤其是针对弹道导弹目标的威胁。在近期试验中，增程型"巴拉克"拦截弹成功完成了弹道导弹目标拦截，能够提供广泛的区域防空能力；"巴拉克"防空系统已经集成并部署在世界各地，并通过了数十艘舰艇和陆上平台的验证，其中包括印度海军、空军、陆军和以色列海军。增程型

"巴拉克"拦截弹采用了模块化开放架构,专为陆基和海军应用设计,采用了先进的无线电瞄准装置和多脉冲火箭推进装置,能够在各种射程上保持优越的机动能力。

俄罗斯S-400系统在演习中成功抵御假想敌导弹袭击 7月6日,俄罗斯黑海舰队新闻办公室宣布,驻扎在克拉斯诺达尔的防空部队在演习中成功用S-400防空系统抵御了假想敌的大规模导弹袭击。6月28日至7月10日,北约多国在黑海进行"海风-2021"演习,此次演习约4000名人员、40艘军舰、30架飞机以及100多辆机动车辆和装甲车参加。"海风"演习是一年一度的多国海上演习,涉及海、陆、空三个作战域,由美国和乌克兰共同主办,旨在增强黑海地区参演部队间的互操作性和作战能力。参与演习的国家主要有乌克兰、美国、加拿大、英国、荷兰、罗马尼亚、保加利亚、希腊、土耳其、拉脱维亚等。"海风"演习期间,俄军为保护黑海舰队的重要设施,进行了防御假想敌导弹袭击的演习。俄军约100名人员以及30多套军事设施参加了演习。演习中,S-400防空系统和"铠甲"-S弹炮结合系统演习了一种测量算法,以探测和跟踪假想敌的空中目标,并通过电子发射系统成功将目标摧毁,"铠甲"-S弹炮结合系统在阵地转移过程中保护S-400防空系统免受袭击。

美国空间和导弹系统中心正寻求建立新的导弹探测卫星层 美国太空部队计划最早于2022年在中地球轨道测试下一代红外预警卫星,主要目的是利用此类非传统轨道探测弹道导弹发射,并实现相对于地球静止卫星更大的灵活性。美国空间和导弹系统中心官员表示,可以开始为中地球轨道导弹防御任务建立实际硬件。中地球轨道介于低地球轨道和地球静止轨道之间,这表明美国太空部队正在关注利用更广泛轨道执行天基飞行任务。2020年,美国空间和导弹系统中心负责人约翰·汤普森强调,如果涉及下一代红外系统,则所有轨道选项都在考虑之内。雷声技术公司空间与指挥控制系统副总裁保罗·迈耶在宣布雷声技术公司与美国太空部队达成相关协议的新闻稿中也表示,应对未来巡航导弹和弹道导弹,需要多样化、有弹性的导弹预警/轨道监视架构,而中地球轨道则是该架构的关键层。

美国陆军完成一体化防空反导作战指挥系统拦截巡航导弹发展试验计划 美国陆军一体化防空反导作战指挥系统(IBCS)7月15日在北卡罗来纳州白沙导弹靶场成功完成了第6次也是最后一次发展试验——对抗两枚巡航导弹目标,为这项耗资79亿美元的计划今年秋天进行初始作战试验做好了准备。在试验期间,陆军发射了两枚巡航导弹替代品:一枚执行电子攻击任务,破坏雷达性能,另一枚针对友方装备发布威胁描述。为了击败这些目标,IBCS展示了对非陆军传感器的集成——海军陆战队的AN/TPS-80地面/空中任务导向雷达(G/ATOR)和2架F-35联合攻击战斗机。地面/空中任务导向雷达通过联合跟踪管理能力与IBCS连接,该能力成为海军合作交战能力和陆军IBCS之间的"桥梁"。第6防空炮兵团第3营的士兵在白沙靶场进行防空反导训练和测试,他们使用IBCS跟踪巡航导弹替代品目标,确定其中哪一枚是威胁,并发射了"爱国者"3拦截弹。

美国国会为夏威夷国土防御雷达项目提供拨款 7月,美国众议院建议在2022财政年度为国土防御雷达-夏威夷项目提供7500万美元,这是可能恢复弹道导弹防御项目资金的立法过程中的一个关键步骤,五角大楼已经连续两年试图取消这一项目。众议院拨款委员会在2022财年国防开支法案中,要求导弹防御局继续使用S波段传感器。国土防御雷达-夏威夷项目旨在提高陆基中段防御系统的能力,通过提升确定极远距离威胁的能力,帮助引导陆基拦截弹以提高摧毁敌人再入飞行器的成功率。

土耳其开始量产"堡垒"O+防空导弹系统 7月10日,土耳其国防工业部部长伊斯梅尔·德米尔在社交媒体发文表示,由土耳其国防企业罗克森公司自行研制的"堡垒"O＋防空导弹系统已进入大规模批量生产阶段。伊斯梅尔·德米尔曾在 2020 年透露,"堡垒"O＋防空导弹系统已部署至叙利亚执行任务。根据罗克森公司官方网站信息,"堡垒"O＋防空导弹系统作战斜距为 25 千米,采用高爆破片战斗部,中段制导采用惯导和数据链,末段制导采用红外成像。导弹动力为双脉冲固体火箭发动机,垂直发射,作战对象为战斗机、直升机、巡航导弹及无人机。此前,作战斜距为 15 千米的"堡垒"A＋防空导弹系统已于 2019 年进入量产。

印度成功试射新一代阿卡什地空导弹 印度国防研究与发展局 7 月 21 日在一个综合试验场成功试射了新一代阿卡什地空导弹系统。印度国防部表示,导弹是在中午 12 点 45 分左右从陆基平台试射的,武器系统的"完美性能"得到了完整飞行数据的验证。该型阿卡什导弹的射程约为 60 千米,飞行速度可达马赫数 2.5。此次飞行试验是一次全要素武器系统试验,包括雷达、指挥、控制、通信系统和发射装置。同时,为了获取飞行数据,此次试验还采用了很多监测系统,如光电跟踪系统、雷达和遥测,并获取了完整飞行数据,证实了整个武器系统的完美性能。印度国防部长拉杰纳特·辛格祝贺印度国防部、印度空军和生产机构巴拉特电子有限公司和巴拉特动力有限公司取得的此次成功。同时,印度国防研究与发展局长格·萨泰什·雷迪也赞扬了导弹试射小组的努力。

北约开发反弹道导弹雷达测试用无人机 7 月,北约保障和采购局开发了一种新的方法来测试北约防空雷达弹道导弹的跟踪能力,并将其作为应对弹道导弹持续扩散的一种方式。该测试系统包括无线电控制装置、可编程四轴无人机和雷达转发器,采用了特别设计的无线电通信装置,可重复雷达信号,从而模拟来袭导弹弹道。北约保障和采购局称,这种新能力能够提高北约国家在防空雷达上进行弹道导弹威胁试验活动的能力,同时还不会产生高昂成本或耗时流程。北约保障和采购局负责空中监视和指挥控制系统的集团经理称,以前需要对雷达进行昂贵且耗时的物理迁移,建立专门的导弹发射场并发射导弹。现在基于无人机飞行模拟导弹轨迹也能够产生适当的雷达回波信号,在此基础上即可进行高性价比和适应性更强的试验活动。

美国海军"斯托克代尔"号驱逐舰装备激光致盲拦截武器 根据美国海军社交媒体上发布的一张照片,"斯托克代尔"号(DDG-106)驱逐舰目前已经装备了名为"激光致盲拦截武器"的定向能武器。美国海军援引美国国会的一份报告称,近年来,美国海军利用工业固体激光器领域的重大进展,以及美国国防部其他部门数十年来在军事激光器方面的研发工作,已经在美国海军水面舰艇上部署高能激光器方面取得了实质性进展。激光致盲拦截武器能够提供短时定向能、舰载反情报、监视和侦察能力,具备针对敌方无人机和其他平台的致盲能力,可以满足舰队的紧急作战需求。激光致盲拦截武器现在已经安装在3艘美国海军"阿利·伯克"级导弹驱逐舰上,今年将再安装两艘,未来几年将安装3艘,共计8艘。

美国导弹防御局开展"高超声速与弹道跟踪太空传感器"项目风险降低试验 美国导弹防御局称,已于6月30日将一对纳米卫星送入轨道,作为纳米卫星试验台计划的一部分,用于进行立方星网络通信第一阶段试验。该试验将为降低"高超声速与弹道跟踪太空传感器"项目中的先进技术应用风险提供支撑。试验用的纳米卫星由犹他州立大学的航天动力学实验室集成,装配了蓝色峡谷技术公司提供的卫星总线,以及 Space Micro 公司提供的有效载荷,由维珍轨道公司的"发射者一号"火箭发射入轨。试验将验证纳米卫星先进通信技术的可行性,以期使用尺寸小、质量轻、功率低的卫星来支持导弹防御通信架构建设。验证的技术和能力主要包括：小型卫星编队飞行技术、软件定义无线电技术、自组织网络技术、卫星处于"非最优"方位时的通信能力，以及通用开源地面指挥控制软件等。

美国众议院希望继续研究分层国土防御 7月，美国众议院军事力量委员会战略部队小组委员要求国防部继续探索将"标准"-3 2A 导弹用于国土防御的潜力，并在其 2022 财年国防授权法案写道，要求在 12 月底前，导弹防御局牵头，协调负责政策的国防部副部长、海军作战部长和美国北方司令部负责人，共同撰写一份关于采用"宙斯盾"/"标准"-3 2A 导弹，作为分层导弹防御体系一部分计划的新报告。在 2021 财年国防授权法案中包括一项法定要求，国防部长需提交一份关于分层国土导弹防御的详细报告，以完善导弹防御局 2021 财年预算申请的细节。但据众议院称，国防部尚未提交该报告。2021 财年，导弹防御局提议使用"标准"-3 2A 与尚未进行研发的改进型"萨德"系统配合使用，以弥补地基中段防御系统的国土防御导弹能力的不足。众议院要求这次的新报告仅关注"标准"-3 2A 导弹。根据立法草案随附的一份报告，众议院希望，通过使用"宙斯盾"武器系统和"标准"-3 2A 导弹，形成分层防御，达到保护美国本土的要求。此外，众议院希望对未来将部署的"宙斯盾"舰的位置进行分析，以提高国土防御能力，以及"用于发射地基拦截弹的美国本土拦截弹站点首选纽约的德拉姆堡，如何在未来分层防御体系中发挥作用"。此外，众议院希望评估部署阿利伯克级驱逐舰执行国土防御任务，对美国海军战备和全球部队管理的影响；以及讨论部署陆基"宙斯盾"的"人员配备战略"。海军作战部长迈克·吉尔戴表示有兴趣将陆基"宙斯盾"任务交给陆军。最后，众议院希望新报告能够解决"从对关岛防御系统的分析中汲取适用的经验教训，以应用于分层国土防御架构"的问题。

美国希望推进 AN/TPY-2 雷达现代化　7月，美国国会希望国防部制定草案，通过利用沙特阿拉伯有关导弹防御系统（包括"萨德"系统）的大量订单，来推进 AN/TPY-2 雷达升级。众议院军事力量委员会战略部队小组委员会意识到，利用现有的"萨德"系统对外军售案推动 AN/TPY-2 雷达生产线重启的机会有限。因此，该委员会在其2022财年国防授权法案中要求导弹防御局制定替代计划，以升级雷声技术公司制造的 AN/TPY-2 雷达。AN/TPY-2 是一种便携式高分辨率雷达，用于跟踪所有射程的弹道导弹，具备两种工作模式：①前向模式，供"宙斯盾"系统和地基中段防御系统使用；②终端模式，供使用。在2021财年中，国会决定为美国首个配备氮化镓技术的雷达型号增加资金投入，计划将 AN/TPY-2 雷达的规模增加到13架。氮化镓提供的功率是前代技术砷化镓的5倍。例如，允许雷达通过电路提供更多能量，并提升传感器的覆盖范围，而不会导致组件过热。2019年6月，政府问责局估计，将所有 AN/TPY-2 雷达中的砷化镓组件换成氮化镓组件，可能需要花费近9亿美元。导弹防御局的计划是，在2040年前，保持当前 AN/TPY-2 雷达天线的可用性，并计划从2026年开始，实行"发射接收集成微波模块"的拆除、更换策略，用氮化镓全面替换发射接收集成微波模块。但根据众议院军事力量委员会战略部队小组委员会的报告，这种策略不会实现 AN/TPY-2 雷达的能力改进。众议院军事力量委员会战略部队小组委员会在其报告中要求，2022年2月1日前，导弹防御局需向美国国会简要介绍"截至2025年，发射接收集成微波模块的当前和计划生产率"以及"将生产率提至高于当前计划的机会"。

叙利亚使用"铠甲"-S 防空系统击落武装分子无人机　7月28日，俄罗斯叙利亚反对派和解中心副主任瓦迪姆·库利特在简报会上表示，处于戒备状态的叙利亚防空部队于7月27日晚使用"铠甲"-S 弹炮结合防空系统摧毁了非法武装部队发射的无人机。无人机从伊德利卜省卡费尔－哈塔尔社区发射，在哈马省上空被叙利亚防空部队击落。目前，俄罗斯叙利亚反对派和解中心正在呼吁非法武装部队负责人放弃暴力，朝着和平解决局势的方向前进。"铠甲"－S 弹炮结合防空系统是俄罗斯图拉仪表制造设计局研制的一种近程弹炮结合防空系统，主要用于保护高价值战略目标（如核电站、机场、交通枢纽）免遭机载、地面及舰载武器的攻击。

俄罗斯签署首批 10 套 S–500 防空系统合同　7 月，俄罗斯金刚石－安泰空天防御集团有关负责人表示，已与俄罗斯国防部签署首批 S–500 防空系统装运合同。根据合同，俄罗斯航空航天部队将于 2022 年上半年开始 10 套 S–500 防空系统的装运工作。目前，S–500 防空系统正在俄罗斯南部的试验场进行国家测试。俄军计划于 2021 年底结束 S–500 防空系统的国家测试。S–500 防空系统为俄罗斯第 5 代防空导弹系统，由金刚石－安泰空天防御集团研发，可拦截各种飞行器在内的气动目标、超声速巡航导弹、弹道导弹、高超声速攻击武器，甚至低轨道卫星类太空目标，使俄罗斯能够有效遏制美军全球快速打击能力。

8 月

美国海军与雷声公司合作完成 SPY–6 雷达测试　8 月，雷声技术公司与美国海军合作在美国海军位于弗吉尼亚州的沃洛普斯岛测试场完成了两型 SPY–6 雷达测试。今年早些时候进行的测试侧重于展示两种型号的新功能，还将进行多功能操作和作战管理系统集成测试。测试的两种型号包括：SPY–6（V）2 是为两栖攻击舰和"尼米兹"级航空母舰设计的旋转阵列雷达，可用于防御巡航导弹、反舰导弹，并可对抗干扰和电子战装备；SPY–6（V）3 是计划部署在"星座"级护卫舰和"福特"级航空母舰的固定面阵列雷达。美国海军于2020年7月授予雷声技术公司1份价值1.26亿美元的合同,用于生产4台SPY-6(V)2雷达和两台SPY-6(V)3雷达。雷声技术公司预计今年秋天会收到一份硬件生产和维护合同,其中包括将第四部SPY-6雷达安装到Flight IIA型驱逐舰上。未来,美国计划将SPY-6雷达安装在大型无人水面舰上,用于弹道导弹防御,以减轻"宙斯盾"弹道导弹防御舰的压力。也有人质疑为大型无人水面舰配备SPY-6雷达的合理性。因为更大的船体和用电量将会导致成本的增加。

美国洛克希德·马丁公司测试HELIOS激光武器系统 根据《海洋力量》杂志2021年8月1日发布的信息,洛克希德·马丁公司综合作战系统与传感器副总裁兼总经理乔恩·兰博称,美国海军正在瓦洛普斯岛地面作战系统中心测试HELIOS激光武器系统。HELIOS激光武器系统计划安装在"阿利·伯克"级Flight IIA型导弹驱逐舰上。HELIOS激光武器系统功率达60千瓦,是2014年安装在庞塞号上AN/SEQ-3激光武器系统功率的两倍,可对海面快艇和无人飞行器进行打击,同时还具备远程情报、监视和侦察能力。相对于已经部署在美国海军军舰上的类似近程防御武器,HELIOS的优势是能够基于驱逐舰舰载发电系统进行理论上的无限发射。

美国海军发展激光武器智能决策系统 8月,美国海军水面作战中心的研究人员设计了一种基于人工智能的辅助决策系统,旨在帮助海军更加高效地操作高能激光武器系统。"高能激光火力控制辅助决策系统"能够缩短武器系统的响应时间。美国海军水面作战中心设计的智能辅助决策系统可用于优化激光武器系统的人机协作性能。开发该系统的一个关键是要优化人机之间的交互,目标是建立操作员与系统之间的准确性。美国海军曾组织激光武器系统操作员参加一项用户行为实验,该实验利用辅助决策模拟仿真系统来收集对激光武器系统杀伤链时间、信任度、中和率、可用性及工作量的影响数据。基于机器学习的模拟仿真系统成为高能激光火力控制辅助决策系统能力测试的基础，用来预测产品的最终效能。

诺斯罗普·格鲁曼公司设立导弹防御未来实验室 8月，美国诺斯罗普·格鲁曼公司透露已于近日启用新的导弹防御未来实验室（MDFL），旨在开拓性提升开发、试验与部署一体化导弹防御系统的速度与精度。导弹防御未来实验室将综合运营建模、仿真与可视化能力，促进开发人员与作战人员之间的创新与协同；将借助定制化服务器、处理与中继导弹探测卫星和地面站数据的能力，为导弹防御系统工程师提供研究、建模、仿真能力；开发跟踪软件，应对核与其他威胁。导弹防御未来实验室总部位于亨茨维尔，相关设施分布于科罗拉多州博尔德、亚利桑那州钱德勒、科罗拉多州斯普林斯、弗吉尼亚州麦克莱恩、北卡罗来纳州莫里斯维尔、马里兰州巴尔的摩。

美国陆军完成"机动近程防空"系统50千瓦级激光武器测试 8月，美军快速技术与关键能力办公室主任尼尔·瑟古德在太空和导弹防御研讨会上表示，美国陆军近期完成了"机动近程防空"系统的50千瓦级激光武器测试，相关装备将参加今年秋季的"汇聚工程21"演习。美国陆军将按照计划在2022财年将1个"定向能－机动近程防空"排部署到欧洲，该部队将包括4辆"定向能－机动近程防空"原型机，可击落对手无人机、火箭弹和迫击炮等。"定向能－机动近程防空"是美国陆军为弥补其野战防空能力而开展的研究，根据此前该项目承包商发布的视频，"定向能－机动近程防空"将具备野战伴随防空和行进中作战的能力。

诺斯罗普·格鲁曼公司和鲍尔公司研制的导弹预警卫星载荷通过关键设计审查 8月5日，诺斯罗普·格鲁曼公司和鲍尔航空航天公司为美国太空军下一颗导弹预警卫星设计的有效载荷通过了关键设计审查，为后续制造扫清了道路。该载荷将安装于下一代过顶持续红外（OPIR）星座的前2颗卫星之一，建造中的过顶持续红外系统未来将取代天基红外系统（SBIRS），将能够探测和跟踪全球各地的弹道导弹。新星座的第1阶段将由5颗卫星组成，其中3颗位于地球静止轨道，2颗位于大椭圆轨道，以提供极地区域覆盖。洛克希德·马丁公司作为3颗地球静止卫星的主承包商——已经分包出2个有效载荷设计。一个由诺斯罗普·格鲁曼公司和鲍尔航空航天公司合作进行设计，另一则由雷声技术公司单独进行设计。每个团队将交付1个有效载荷，安装于下一代过顶持续红外系统前2颗卫星中。洛克希德·马丁公司随后将选择其中一个团队，为第3颗地球静止卫星增装有效载荷。诺斯罗普·格鲁曼公司和鲍尔航空航天公司宣布，他们的有效载荷已于8月5日通过关键设计审查，能够进入制造和测试。有效载荷将于2023年交付给洛克希德·马丁公司，首颗卫星预计2025年发射。美国太空军宣布，这2个有效载荷2020年5月完成了初步设计审查。除了为地球静止卫星设计1个有效载荷外，诺斯罗普·格鲁曼公司还在研发极轨道卫星。2020年，美国太空军向该公司拨款24亿美元，用于这2颗卫星的设计。洛克希德·马丁公司2018年获得29亿美元用于卫星设计，2021年又获得49亿美元用于卫星制造。太空军已开始研制下一批次的过顶持续红外系统卫星，这些卫星可以放置于中地球轨道，而不是地球静止轨道。

美国太空发展局发射用于探测低轨导弹的卫星　8月10日，美国太空发展局（SDA）发射了新一颗试验性卫星。在飞往国际空间站的商业再补给服务任务中，"天鹅座"NG-16航天器将"原型红外有效载荷"送入轨道，它将测试多光谱传感器的使用，以探测来自低轨道的弹道导弹。"原型红外有效载荷"重50千克，将采集样本数据，用以开发从低地轨道环境下识别高超声速导弹的传感器使用的算法。这是SDA首次开展与其"跟踪层"低轨小卫星星座规划相关的实验。SDA成立于2019年，其任务是开发一个由数百颗小卫星组成的新的卫星星座。这些卫星大多运行在近地轨道上，在地球表面上空不到1200英里的地方飞行。

美国陆军开发"间接火力防护能力"原型系统 8月，美国陆军已选择美国动力系统公司为其开发"间接火力防护能力"项目的原型系统。与雷声技术公司和以色列拉斐尔公司提出的"铁穹"系统发射器搭配"塔米尔"拦截弹的方案相比，美国陆军更倾向于采用动力系统公司提出的使用"多任务发射器"搭配相应拦截弹的方案。此前，美国陆军就提出开发"多任务发射器"作为"间接火力防护能力"项目的一部分，但后来该计划被取消，转而寻求技术成熟度更高的方案。2021年5月，美国陆军在白沙导弹靶场对两家竞争团队的方案进行了测试。目前，美国陆军正使用"铁穹"系统形成临时的巡航导弹防御能力，雷声技术公司和拉斐尔公司已交付了两个连的装备，并于本月进行了实弹射击操作试验，预计年底前投入使用。"间接火力防护能力"项目将开发一种能够应对无人机、巡航导弹以及火箭炮、火炮和迫击炮等威胁的系统，以填补美国陆军防空反导系统的能力空白。美国陆军希望该系统能够与"哨兵"雷达、"一体化防空反导作战指挥系统"相集成。按照计划，中标的承包商将于2023财年第三季度之前向美国陆军交付一套完整的原型系统。后续，美国陆军或将授出400个发射器和相应拦截弹的生产合同。

美加两国或在"北方预警系统"现代化中采用下一代超视距技术 8月，美国海军负责保卫美国和加拿大领空的最高军事官员正在游说两国投资一种先进的下一代传感器系统，该系统能够超越地平线，探测从大型轰炸机到小型无人机等一系列威胁，这可能会影响北美防空防天司令部未来取代核心雷达网络"北方预警系统"的计划。北美防空防天司令部和美国北方司令部司令格伦·范赫克将军概述了他对"北方预警系统"现代化的渴望,美国和加拿大国防部长本月共同承诺,这是改善北美防空防天计划的核心。8月17日,范赫克在战略与国际研究中心主办的网络直播活动上表示,"理想情况下,我们希望使用先进的超视距雷达。'北方预警系统'距离有限。雷达受到地球曲率的限制,这使我们无法看到足够远的地方。目前有经过验证的技术,实现超视距雷达能力。""北方预警系统"是一个由20世纪70年代雷达系统组成的网络,提供对北美极地空域的监视。现有的雷达技术对未来威胁将显得过时。

美国陆军在本土完成首次"铁穹"系统试验 8月23日,以色列国防部表示,在今年初夏的时候,美国陆军在美国本土对"铁穹"导弹防御系统进行了首次试验。据以色列国防部消息,这是"铁穹"导弹防御系统开展的第一次实弹试验。此次试验在新墨西哥州白沙导弹靶场进行,美国陆军与以色列国防部武器和技术基础设施发展管理局、拉斐尔先进防御系统公司、以色列航空航天工业公司和软件技术生产商mPrest公司进行了合作,成功实现了目标拦截。试验中,美国士兵用"铁穹"导弹防御系统击落了包括无人机在内的目标。"铁穹"导弹防御系统最初设计用于拦截火箭,后来经过升级和改进,还可以击落迫击炮弹、无人机和巡航导弹等目标。根据2019年的一项协议,以色列向美国出售了两套"铁穹"导弹防御系统,第一套于2020年底交付,第二套于2021年1月交付。美国陆军一直致力于将"铁穹"导弹防御系统集成到一体化防空反导体系中。

9月

韩国计划加强导弹攻防能力 韩国军方在9月2日表示,拟启动一个为期5年的专项计划,用于投资导弹防御系统和弹道导弹。整个专项计划投资总额为2710亿美元,其中约910亿美元用于反导系统和弹道导弹的研发制造,其余资金则用于系统的运行维护。计划中,韩国将从多个方面提升其防御能力。首先,韩国军方计划建立一个类似以色列"铁穹"系统的防御系统,以保护首都免受朝鲜打击火力威胁。军方还在寻求升级"爱国者"反导系统,以提升对朝鲜近程弹道导弹的防御能力。此外,韩国军方宣称将在反导系统中部署独立的早期预警雷达,并使用韩国自己的定位系统,以免受他国干涉。

美国导弹防御局测试"地基拦截弹"新型助推器 9月,美国导弹防御局成功开展"地基拦截弹"二/三级可选火箭助推器的测试工作。测试中使用的"地基拦截弹"配备了新型二/三级可选火箭助推器,搭载了"外大气层杀伤器"的实物模型。这是二/三级可选火箭助推器以二级模式进行的首次飞行试验,即第三级火箭助推器并未点火,在二级助推模式下释放了"外大气层杀伤器"的实物模型。导弹防御局表示,本次测试证明了二/三级可选火箭助推器的工作原理与设计完全一致,系统性能符合设计要求。导弹防御局局长表示,二/三级可选火箭助推器为导弹防御拦截作战提供了更多的交战时间和空间,是实现"射击-评估-射击"能力的第一步。未来,随着预警探测能力的进一步升级,将实现在初始交战后评估威胁,同时保留必要时再次交战的能力。目前,美国导弹防御局正在推进"下一代拦截弹"的研发与交付工作,以在2028年之前替换现役"地基拦截弹"。同时,为了确保国土防御能力可应对不断发展的威胁目标,美国导弹防御局还将继续升级现役"地基拦截弹",即执行"地基中段防御"系统"使用寿命延长计划"(SLEP)。作为该计划的一部分,新型二/三级可选火箭助推器预计将在未来几年内集成至现役"地基拦截弹"。

导弹防御局授予L3公司"机载传感器"合同 9月8日,美国导弹防御局授予美国 L3 通信集成系统公司一份最高金额 1.73 亿美元的不定期交付/不确定数量合同,并将根据该合同授出一份总金额为 2287.85 万美元的初始任务订单。根据合同,L3 通信集成系统公司将为"机载传感器"(ABS)项目提供支持,继续"高空观测平台"(HALO)飞机及其传感器设备的运行和持续维护、任务规划和飞行试验执行,以及改进和现代化。在授出合同时,导弹防御局将从 2021 财年研究、发展、试验与鉴定经费中拨付 500 万美元。

美国将为以色列"铁穹"系统提供 10 亿美元支持 9 月,美众议院以压倒性优势通过了一项法案,向以色列提供 10 亿美元,用于支持"铁穹"短程导弹防御系统。众议院议长南希·佩洛西在投票前表示,此次投票将继续支持 2016 年签署的美以援助协议,该协议要求美国每年向以色列提供 5 亿美元的导弹防御资金。佩洛西在发言中称"对以色列的安全援助至关重要,因为以色列的安全对美国的安全至关重要"。美国国会研究部去年的一份报告表明,以色列是二战以来接受美国援助最多的国家。

俄罗斯空天军成功测试新型导弹拦截器 9 月,俄罗斯国防部表示,在战略导弹部队位于哈萨克斯坦共和国的撒拉莎甘试验场,俄罗斯空天军防空和导弹防御部队成功地进行了一次新型导弹防御系统的试射。俄罗斯空天军导弹防御部队指挥官表示,新型反导导弹经过一系列试验验证了预期参数的可靠性。作战人员成功完成了打击指定目标的任务,达到了预期的精度。此前对新型反导系统的测试是在 4 月进行的。在 2020 年 7 月,俄罗斯空天军指挥官谢尔盖·苏罗维金表示,空天军正在测试保护莫斯科和中央工业区的导弹防御系统,很快将配备升级后的多功能雷达和升级后的导弹拦截器。

雷声公司升级美国太空军两部早期预警雷达 9 月,雷声导弹与防御公司宣布，已经完成美国太空军两部 AN/FPS–132 改进型早期预警雷达的升级工作。升级的两部早期预警雷达分别位于阿拉斯加州克利尔和马萨诸塞州科德角。此次升级工作的重点是安装并集成新型数据、信号、现实与控制处理器、最新信息保障与网络安全协议、改进型任务应用与信息处理软件和新型网络与外部通信系统。美国太空军战略预警与监视系统分部主任乔什·威廉姆斯表示，此次升级将提升两部早期预警雷达的导弹防御、导弹预警与太空领域感知能力。

美国太空发展局批准卫星跟踪高超声速武器的能力设计 美国太空发展局（SDA）已经批准了其新型导弹预警卫星的设计计划，这些卫星将能够探测和跟踪高超声速武器。L3 哈里斯技术公司 9 月 20 日宣布，该机构已完成对其卫星的初步设计审查，是该公司投产该航天器准备进程中的一个重要里程碑。L3 哈里斯技术公司将持续研发导弹预警卫星，致力于关键设计审查。L3 哈里斯技术公司太空机载系统总裁埃德·佐伊斯在一份声明中表示："我们与 SDA 密切合作，确保我们的设计能够利用经过验证的技术，来应对不断变化的需求。我们了解威胁，并专注于交付。"L3 哈里斯技术公司是 SDA 授予前 8 颗导弹预警卫星合同的两家公司之一，SDA 于 2020 年 10 月向 L3 哈里斯拨款 1.93 亿美元，向 SpaceX 公司拨款 1.49 亿美元，用于每家公司设计和开发 4 颗卫星。虽然竞争对手雷声科技公司和空客美国太空国防公司分别向政府问责局提出抗议，但最终合同维持原计划。该航天器将配备宽视场的过顶红外传感器，用于探测高超声速武器，这对美国目前的导弹预警架构构成挑战。

美国陆军交付首个连级高超声速地面装备 美国陆军快速能力与关键技术办公室 10 月 7 日宣布，陆军 9 月 28 日已向位于华盛顿州刘易斯–麦科德联合基地的陆军第 1 军第 17 野战炮兵旅第 3 野战炮兵团第 5 营交付了远程高超声速武器地面装备,该基地正在为部署第一批美国高超声速导弹进行训练。陆军快速能力与关键技术办公室主任尼尔·瑟古德表示,陆军只用了两年多的时间便交付了这款武器系统的硬件。根据陆军消息,远程高超声速武器代号为"暗鹰",包括 1 个连级作战中心、卡车、拖车和 4 个机动发射器。除了导弹之外,该连目前拥有部署导弹所需的所有装备。通过训练和联合飞行测试,第 3 野战炮兵团第 5 营将帮助陆军制定条令,并研发相关战术、技术和程序,以提高和完善部队的操作能力。该部队现在可以开始训练,并准备与海军在 2022 财年第一季度进行首次联合飞行战役测试。该部队还将为 2022 财年第四季度和 2023 财年第二季度的后续测试做好准备。远程高超声速武器,是一种采用陆基机动发射的中程高超声速弹道导弹。美国陆军曾在 5 月透露该武器的射程超过 2775 千米。远程高超声速武器导弹由固体燃料发动机助推器和顶部无动力战斗部组成,战斗部是通用的高速声速滑翔体双锥体高超声速滑翔弹头。

10 月

美国陆军在欧洲进行新型机动近程防空系统的首次实弹射击 10 月,美国陆军第 4 防空炮兵团第 5 营使用新型机动近程防空系统在欧洲进行了首次实弹射击。该系统基于"斯特赖克 A1" 8×8 装甲车,配备的无人炮塔搭载了 4 联装"毒刺"导弹,装载 1 门 XM914 型 30 毫米口径链炮、1 挺 7.62 毫米口径同轴机枪,2 枚 AGM-114 "地狱火"导弹。美国陆军第 4 防空炮兵团第 5 营于 2021 年 4 月接收了 4 套机动近程防空系统,预计 2021 年晚些时候将收到更多该系统,将从一个"复仇者"营过渡到美国陆军第一个全面作战的机动近程防空营。机动近程防空系统未来将采用技术插入方式、开发定向能和改进的导弹能力、利用混合互补的定向能和动能拦截系统保护机动部队。

美国将在关岛部署"铁穹"反导系统 据美国陆军第94空中与导弹防御司令部10月7日发表的一份声明,美国陆军将把最近购买的两个"铁穹"反导系统中的一个部署到关岛,作为巡航导弹防御的临时解决方案。声明指出,这次代号为"铁岛行动"的部署将测试"铁穹"系统的能力,并进一步训练和完善防空系统的部署能力。它还将满足2019财年国防授权法案的要求,即在2021年底之前将"铁穹"系统部署到作战区域。陆军发言人证实,"铁穹"将于10月中旬抵达,演习将持续到11月。演习的重点是"收集有关数据",以及如何将"铁穹"与现有的防空系统(自2013年以来部署在关岛的"萨德"系统)整合在一起。

美国"下一代拦截弹"项目达到关键设计评审要求 10月,洛克希德·马丁公司宣布,在"下一代拦截弹"(NGI)项目的开发和演示合同授予6个月后,美国导弹防御局批准了"下一代拦截弹"计划系统需求评估(SRR)。"下一代拦截弹"计划旨在保护美国免受复杂的弹道导弹威胁袭击。该拦截弹可用于探测、遏制和摧毁来袭目标。系统需求评估是一个重要的里程碑进展,表明公司已准备好进行初始系统设计。公司项目团队使用先进的数字工程和基于模型的工程工具来实现系统需求评估的现代化方法,包括新级别的互联。用于评估的数字工具也将在"下一代拦截弹"项目中使用,并与导弹防御局的开创性数字工程战略保持一致。"下一代拦截弹"将作为美国分层导弹防御架构的第一道防线,抵御来自不断演进的威胁,预计第一枚拦截弹将于2027年投入使用。

雷声公司披露用于NASAMS导弹系统的最优型中程防空雷达 10月,雷声技术公司开发了一种新型最优化中程防空系统雷达,通过采用美国陆军低层防空反导传感器雷达技术,可支持"国家先进防空导弹系统"(NA-

SAMS）进行全范围目标探测，比其原有"哨兵"雷达探测范围更大。雷声公司发言人表示，在美国陆军协会年会上将推出这款名为"鬼眼－中程"的新产品。据业内消息人士透露，这种新雷达是雷声公司独立出资开发的一个项目产品。2019年10月，美国陆军选择雷声公司建造低层防空反导传感器，这是一种新型多功能雷达，旨在解决美国陆军联合导弹防御系统低层传感器能力，用于替换"爱国者"系统AN/MPQ－65A雷达。此次雷声公司正是选择低层防空反导传感器雷达的先进技术和通用制造工艺，用于新型中程防空系统雷达开发。

美军正在梳理国内需要防御巡航导弹的关键节点清单　为实现对俄罗斯等大国对手远程巡航导弹的主动防御，美国国家安全委员会、国防部和北美防空防天司令部的有关官员，正在梳理一份美国和加拿大关键地点清单，关于复杂作战环境下国内防空系统的部署地点，如"爱国者"防空系统和配备先进雷达战斗机的最佳部署位置。北美防空防天司令部克里斯托弗·斯特鲁夫上校表示，高级官员们正在研究防御新型远程打击武器的方法。他们认为，俄罗斯等大国对手可能会使用新型尖端常规武器来毁坏国内关键的基础设施，通过攻击机场、港口、公用事业甚至具有重要经济意义的地点来使美国部队的投送行动陷于困境。美国国防官员表示，地基雷达和拦截弹是有限的，未来将谨慎部署以保护国内关键站点，并需要主动防御与被动防御相配合。斯特鲁夫说："基于越来越多的空中、海上威胁，我们需要不断研发、生产重要防空系统，并部署到关键基础设施位置，以真正迫使对手在对美国发动攻击时，改变其对攻击有效性的计算。"

美国洛克希德·马丁公司计划2027年提前交付"下一代拦截弹"　10月，洛克希德·马丁公司表示，"下一代拦截弹"研究工作进展顺利，预计可以于2027年提前交付美军。"下一代拦截弹"原定于2028年交付部队，但导弹防御局为加速该项目进度,在采购计划中提出了鼓励提前交付的激励措施。2021年3月,美国导弹防御局向洛克希德·马丁公司和诺斯罗普·格鲁曼-雷声技术公司联合团队授出"下一代拦截弹"阶段性合同。两家公司将根据合同,全面开展拦截弹的研发,包括助推器和弹头中装备的杀伤器,并根据美国国防部目前的导弹防御战略,为"下一代拦截弹"进行技术开发和风险降低工作,使该系统能够在自然和敌对环境中生存,同时还能应对新出现的威胁。

美军"远程识别雷达"将完成初始部署 10月,导弹防御局和主要承包商洛克希德·马丁公司宣布,将在下个月完成"远程识别雷达"雷达阵列的安装,计划于12月举行初始部署仪式。该雷达的初始部署时间与最初制定的计划相比,推迟了整整1年。"远程识别雷达"的初始部署标志着成功完成部署和验证要求。计划中下一个里程碑是技术能力声明,取决于能否成功完成弹道导弹防御系统性能测试。"远程识别雷达"是导弹防御局计划的一部分。该计划将地基中段防御系统升级为"强大的国土防御"配置,方法是在来袭导弹飞行中段提供远程弹道导弹(尤其是从朝鲜发射的导弹)的改进的、持续的雷达图像。"远程识别雷达"的新型传感器还将具备支持空间态势感知任务的能力。"远程识别雷达"是一种功能强大的S波段雷达,拥有两个天线阵列,阵列由总共20个面板组成,每个面板大约8.2米高。"远程识别雷达"投入实战后,将能够探测识别极远距离的威胁,以引导地基拦截弹以更高的成功率、更少的拦截弹摧毁对手的再入弹头。

俄罗斯首套S-500防空系统已完成部署 10月,俄罗斯国防部有关负责人表示,首套S-500防空系统已交付给守卫莫斯科领空的军事单位,开始进行战斗值班,保卫莫斯科空域。据悉,第二套S-500防空系统将于2022年上半年交付俄军。7月20日,俄罗斯国防部公布消息,S-500防空系统在阿斯特拉罕州的卡普斯京亚尔靶场完成高速导弹拦截测试，成功锁定空中高速导弹模拟目标并将之摧毁。9月16日，俄罗斯副总理鲍里索夫向媒体表示，俄军S-500防空系统已完成全部测试，首批发射器已供应给俄罗斯武装部队。S-500防空系统为俄罗斯第5代防空导弹系统，由金刚石-安泰空天防御集团研发，可拦截各种飞行器在内的气动目标、超声速巡航导弹、弹道导弹、高超声速攻击武器，甚至低轨道卫星类太空目标，使俄罗斯能够有效遏制美军全球快速打击能力。

韩国展示"低空防空反导"系统模型 10月，韩国LIG Nex1公司展示了其研制的"低空防空反导"系统模型。该系统由LIG Nex1公司与韩国国防发展局联合研制，由"韩国防空反导"系统改装而成，主要由导弹发射器、指控站和多功能雷达组成。LIG Nex1公司项目负责人称，其研制的"低空防空反导"系统的导弹将配备主动雷达导引头，能够在最大作战高度为5千米的情况下拦截7千米以外的目标。该系统的发射器可装备16枚导弹，为4×4布置，预计将安装在半挂车上。"低空防空反导"系统是韩国建立其先进分层防空反导网络任务的一部分。该系统的主要任务是应对来自朝鲜的火炮，以保卫首尔市区。此前，韩国曾考虑购买以色列的"铁穹"系统，但考虑到"铁穹"系统主要用于应对迫击炮和火箭弹，而朝鲜对韩国造成的威胁主要源于火炮和近程弹道导弹，因此"铁穹"系统并不适用。韩国计划于2022年发布"低空防空反导"系统的招标书，预估价值24亿美元，目标是在21世纪30年代初部署。除LIG Nex1公司外，韩华系统公司也将参与该项目，提供远程地对空雷达及其他传感器系统。

美国陆军驻德部队完成"机动近程防空"系统首次实弹射击 10月7日，美国陆军第10防空反导司令部第4防空炮兵团第5营在德国普罗斯特国防军靶场，完成"机动近程防空"系统首次战术单元级实弹射击。此次实弹射击，也是"机动近程防空"系统在欧洲的首次实弹射击。"机动近程防空"系统旨在拦截对手直升机、固定翼飞机、无人机、火箭弹及迫击炮等威胁目标，保护机动部队。目前，第5营接收的"机动近程防空"系统被称为增量1。"机动近程防空"系统增量1主要组成部分包括：一辆装备可重构集成武器平台的"斯特赖克"A1双V型底步兵运输车，一部可携带一对导弹的改进型M-299"地狱火长弓"导弹发射架，一部可发射四轮的"毒刺"导弹发射架，一门XM914的30毫米加农炮，一门M240的7.62毫米机枪。

11 月

美军完成"组网协同雷达"项目演示验证　11月，美国雷声导弹与防御公司联合美国海军研究办公室宣布，成功完成"组网协同雷达"项目的演示验证。其间，两部面基雷达模拟器使用分布式感知能力探测到目标。该演示验证证实SPY-6等战术雷达，将从"组网协同雷达"项目开发的先进分布式雷达概念中获益，"SPY-6雷达将成为美国海军未来分布式感知能力的中坚力量"。"组网协同雷达"项目寻求开发先进雷达系统解决方案，支持美国海军创建分布式感知网络以防御演进威胁。该项目支持雷达获得分布式感知能力，在给定覆盖区域创建更全面的目标图。"组网协同雷达"赋能的传感器协同工作，识别并跟踪威胁目标，实时传输信息，能够提升整个系统的效能与任务成功概念。该项目还将美国海军舰队提供电磁机动战能力，支持海军分布式海上作战概念。

美国陆军授出300千瓦级激光武器合同　11月，美国陆军宣布已向通用原子电磁系统公司和波音公司联合团队授出300千瓦激光武器合同，该激光器将采用固态分布式增益技术，该技术由通用原子电磁系统公司负责，波音公司将负责光束导向器及跟瞄软件的开发。通用原子电磁系统总裁斯科特·福尼表示，在研的高功率、紧凑型激光武器子系统原型将产生比迄今为止部署的任何产品都大的致命输出，这项技术代表了防空反导能力的跨越式发展，对于支持美国陆军现代化及多域作战能力具有重要意义。

以色列测试可用于导弹预警的充气式浮空器　11月3日，以色列国防部表示，以方正在测试一种可用于导弹探测预警的大型充气式浮空器。该系统具备高空长航时悬停能力，由以色列航空航天工业公司和美国浮空器制造商TCOM公司合作开发，将为以色列提供应对周边国家和地区导弹袭击的新预警能力。以方并未披露该浮空器的技术细节，但分析人士认为该系统可能主要是用于探测来自伊朗、黎巴嫩等国的弹道导弹，为以色列现有反导系统提供更高水平的预警能力，确保其多层反导系统的性能得以充分发挥。

美国导弹防御局授予3家公司"滑翔段拦截弹"合同　11月19日，美国国防部公布一批合同授予情况。其中，导弹防御局以"其他交易类型"（OTA）方式，授予雷声公司、洛克希德·马丁公司和诺斯罗普·格鲁曼公司"滑翔段拦截弹"（GPI）合同，金额分别为2097万美元、2094万美元和1895万美元，内容为开发并优化概念，完成时间均为2022年9月。在3家公司获得的经费中，800万美元为研究、开发、试验和评估经费。"滑翔段拦截弹"为海基舰载拦截弹，将适配"宙斯盾"驱逐舰的垂直发射系统并与基线9系统集成。导弹防御局表示，采取"其他交易类型"授予多家公司合同有助于降低研制风险并保证充分竞争。雷声公司表示，在初始研究阶段将集中降低技术风险，快速发展技术并演示拦截高超声速威胁的能力。"滑翔段拦截弹"的速度、抗热和机动能力将使其成为首型拦截高超声速威胁的导弹。

俄罗斯开展反卫星武器试验　11月15日，俄罗斯进行了一次直接上升式反卫星武器试验，摧毁了近地轨道上的"Cosmos-1408"卫星。这是俄罗斯近年来首次在反卫星试验中成功摧毁轨道卫星。反卫星碰撞发生在距地球表面约500千米、距国际空间站轨道约80千米的近地轨道上。试验产生了1500多块可追踪的轨道碎片和数十万小块碎片。这些碎片预计将存在数年时间，对国际空间站及其他人类太空活动"构成重大威胁"。美国国防部发言人在新闻发布会上表示，美国国防部将致力于推动太空法规建设，希望所有航天国家都能遵守。

"爱国者"3 MSE导弹取得重要里程碑进展　11月，洛克希德·马丁公司"爱国者"3（PAC-3）项目已取得多个里程碑进展，包括首次将"爱国者"3分段增强型（MSE）导弹与美国陆军一体化防空反导作战管理系统（IBCS）进行集成。此次集成试验中，两枚"爱国者"3 MSE导弹在美国IBCS系统指挥下，成功拦截两枚从新墨西哥州白沙导弹靶场发射的战术弹道导弹目标。这标志着"爱国者"3 MSE导弹在"战场监视计划"（FSP）系列测试首次试验中取得成功。"战场监视计划"用于确认已部署"爱国者"3导弹的可靠性和战备状态，通常每年进行一次。"爱国者"3 MSE导弹拥有双脉冲固体火箭发动机，导弹的作战距离和机动性得到提升，其最大作战距离可达35千米，可用于防御来袭战术弹道导弹、巡航导弹和飞机等。

洛克希德·马丁公司计划于2023年向沙特阿拉伯交付首套"萨德"反导系统　11月，洛克希德·马丁公司表示计划在2023年向沙特阿拉伯交付其购买的首套"萨德"反导系统。"萨德"系统具有全球快速运输和再部署能力，可拦截处于飞行末段的中程、中远程弹道导弹，其最大拦截高度150千米，最大拦截距离200千米。2017年10月，美国国务院批准向沙特阿拉伯出售"萨德"系统及其配套设备，总计合同价值150亿美元，拟向沙特阿拉伯出售的军事设备包括44台"萨德"发射车、360枚"萨德"拦截导弹、16台点火控制系统、7台AN/TPY-2雷达，以及其他相关配套设备等。

俄罗斯开始向印度交付首套S-400防空导弹系统　11月14日，俄联邦军事技术合作局局长德米特里·舒加耶夫宣布，俄罗斯开始向印度交付首套S-400防空导弹系统。俄S-400防空导弹系统于2007年正式装备俄罗斯部队，可用于在复杂条件下对付电子对抗飞机、预警机、侦察机、战略飞机、战术和战区弹道导弹、中程弹道导弹等目标。目前该系统配备了8种不同类型的导弹，可兼顾远、中、近程目标，最大射程达400千米。2018年，印度向俄罗斯订购了5套S-400防空导弹系统，合同价值55亿美元。2019年7月，俄罗斯向土耳其交付了首套S-400防空导弹系统。

瑞典成为欧洲地区首个装备"爱国者"导弹的非北约国家　11月18日，美国陆军第10防空反导司令部、第164防空炮兵旅和瑞典军队防空团的领导人在瑞典哈尔姆斯塔德见证了"爱国者"导弹系统的交接仪式。此前，美国与瑞典已经进行了多次联合演习，通过第5营、第7防空炮兵团和第61防空营之间的联合训练，增强部队的互操作性。即将举行的"拉姆施泰因遗产"-2022演习也将展示相关能力。该演习将成为世界上最大的陆上一体化防空反导演习，并整合北约盟国和伙伴的一体化防空反导能力，增强战区互操作性。

洛克希德·马丁公司导弹预警卫星成功通过关键设计审查　11月23日，洛克希德·马丁公司和美国太空军对下一代"过顶持续红外"系统的地球同步轨道卫星，成功进行了系统级关键设计评审。这为2025年发射首颗地球同步轨道卫星奠定了基础。这次的系统级关键设计评审汇总了众多子系统和有效载荷审查，并锁定了卫星的技术基线，不但解决了下一代临时作战地面系统与传统导弹预警系统的集成问题，还专门解决了太空和地面部分之间的集成问题，进一步增强了发射后的导弹预警能力。地球同步轨道卫星是太空军未来先进太空导弹预警系统，可提供改进的导弹预警能力，面对新型威胁时更具弹性。地球同步轨道卫星将搭载新型先进红外传感器，可以探测更暗、更快的目标。洛克希德·马丁公司该项目经理里克斯表示，这种规模的太空计划，包括研发两种全新的导弹预警有效载荷，从未如此快速。由于使用经过验证的技术和风险缓解工具，如子系统原型进行早期设计验证和接口集成，确保我们保持在正轨上，因此该计划将如期进行。

12 月

美国导弹防御局宣布完成"远程识别雷达"初始部署 12 月，美国导弹防御局完成了"远程识别雷达"的雷达阵列安装和全部军事建设。12 月 6 日，美国导弹防御局、北方司令部和太空部队在阿拉斯加克利尔空军基地举行建成仪式，正式宣布"远程识别雷达"已完成初始部署。这标志着美国国土防御达到了一个重要的里程碑进展。导弹防御局长乔恩·希尔表示，目前"远程识别雷达"已经完成建设，2022 年，该雷达将集成至"地基中段防御"系统和指挥控制与作战管理和通信系统中，为美国空军 2023 年正式作战部署做好准备。"远程识别雷达"是一种采用固态氮化镓组件的高功率 S 波段宽视场有源相控阵雷达，采用开放式体系架构技术和多种识别技术，同时结合了低频和高频雷达的特性，具备更高的识别能力，支持"地基中段防御"系统。导弹防御局表示，该雷达一旦"完全投入使用，将会提供无与伦比的能力，可以在连续运行的情况下，远距离精确跟踪打击美国本土的洲际弹道导弹，从而进一步增强美国本土免受弹道和高超声速导弹威胁的能力。"

俄罗斯披露"佩列斯韦特"激光太空防御武器 12月，俄罗斯军事专家德米特里·科尔涅夫透露，"佩列斯韦特"激光武器是俄罗斯太空防御武器梯队主要装备之一，主要任务是使在轨卫星功能丧失。在俄罗斯国家采购计划中，"佩雷斯韦特"系统为机密项目，代号为14C034，与代号为14C033的"努多利"反卫星系统只差一个数字。国防部文件明确定义，"佩列斯维特"为可移动系统，是压制光电侦察和地球遥感航天器的系统。据科尔涅夫介绍，反卫星武器通常具备火力打击能力。这一点在11月16日进行的"努多利"反卫星系统摧毁苏联卫星"处女地"－D得到印证。有关人员表示，"佩列斯维特"的设计目标是，当俄方受到威胁时，使用激光杀伤方式，致500千米轨道高度以下的侦察卫星失效。专家指出，激光武器将使敌方侦察卫星失效，无法锁定"亚尔斯"机动型洲际弹道导弹的精确位置信息，不能在发射前摧毁导弹，进而确保俄罗斯战略导弹有效实施报复性打击。此前，俄罗斯总统普京表示，国家试验有力证实了"佩列斯韦特"激光武器和"先锋""匕首"高超声速武器的特有能力。

美国国会要求导弹防御局在2028年完成夏威夷国土防御雷达建设 12月，美国国会众议院通过2022财年《国防预算法案》，希望导弹防御局为夏威夷国土防御雷达的开发、测试与集成做好准备，并在2023财年及以后的预算中明确相关进度，最终实现2028年前完成夏威夷国土防御雷达的建设工作。此前，美军曾一度暂停夏威夷国土防御雷达的部署工作，在导弹防御局2022财年的预算中也未就该项工作申请资金，但在最新公布的众议院版2022财年预算中，国会计划为该雷达提供7500万美元的经费。夏威夷国土防御雷达主要针对西太平洋地区国家的弹道导弹威胁，具备自主获取、跟踪和识别来袭弹道导弹的能力，能够"有效对抗对手现有及正在研发的导弹武器系统"，未来该雷达将成为美国弹道导弹防御系统的关键传感器之一，大大增强导弹防御局"地基中段防御系统"的整体能力。

美国国会希望关岛导弹防御系统 2025 年形成初始作战能力　12 月，美国国会立法委员会希望于 2025 年在关岛部署先进防空反导系统，并形成初始作战能力，使该岛具备全方位导弹防御能力。2022 财年《国防授权法案》指示，国防部长与导弹防御局局长和印太司令部司令协商，确定在 2022—2032 年间保卫关岛所需的能力。目前，关岛防空反导力量包括"萨德"系统和"宙斯盾"弹道导弹防御舰，但"萨德"系统无法提供全方位的防御，也无法应对高超声速威胁。关岛防御系统的支持者认为陆基系统可以释放"宙斯盾"舰的作战能力，使其在西太平洋地区执行其他任务。而反对者认为陆基系统可能会在战争一开始就被对手的弹道导弹、高超声速导弹和巡航导弹摧毁。

"下一代拦截弹"设计方案提前通过关键审查　诺斯罗普·格鲁曼公司及其合作伙伴雷声公司在 12 月 20 日的声明中宣布完成"下一代拦截弹"的系统需求审查。完成审查意味着进入初始系统设计阶段，可继续进行风险降低测试和"关键组件认证"。"下一代拦截弹（NGI）"将取代阿拉斯加格里利堡和加利福尼亚范登堡太空部队基地现有的地面拦截器，构成地基中段防御系统（GMD）。GMD 旨在保护美国大陆免受朝鲜和伊朗的袭击。至此，美国正在研发的两种"下一代拦截弹"设计方案均通过了关键审查。

美国海军陆战队成功完成"中程拦截能力"测试　美国海军陆战队 2021 年 12 月 21 日宣布，"中程拦截能力"原型上周在白沙导弹靶场成功与目标交战。"中程拦截能力"将海军陆战队的地/空任务导向雷达、通用航空指控系统与以色列的"铁穹"战斗管理控制系统、塔米尔导弹集成在一起。海军陆战队表示，12月16日的测试是计划2022财年进行的一系列实弹测试中的第一次，测试针对日益具有挑战性的巡航导弹。根据海军陆战队2022财年的预算要求，"中程拦截能力"将使海军陆战队能够防御进入交战区的巡航导弹和其他空中威胁。该计划将增强远征军的地面防空能力，以迅速应对空中威胁，并拓展远征军和海军部队的分层防御能力。海军陆战队在2019年8月的一次演示中，成功展示了该系统与"铁穹"发射器和导弹的集成。从那时起，该计划被指定为中间层采办快速原型计划。预算指出，"中程拦截能力"原型将在2022财年最后一个季度完成开发。海军陆战队在其2022财年预算申请中，要求为陆基导弹防御提供930万美元，包括"中程拦截能力"和其他陆基导弹防御计划。该计划是海军陆战队兵力设计工作的一部分，旨在为太平洋地区的潜在冲突做好准备，并支持海军陆战队的远征前进基地作战概念。

诺斯罗普·格鲁曼公司展示空军"三维远程雷达"新方案　近日，诺斯罗普·格鲁曼公司公开了其在研的"三维远程雷达"设计方案。研究人员表示，新的设计方案聚焦机动性和新型数字架构，让作战人员能快速适应不断变化的作战环境，是一种聚焦解决空军需求的方案。该雷达采用氮化镓技术，旨在实现远距离精准探测、识别与跟踪，拟取代美国空军现有的AN/TPS-75雷达。美国空军官员表示，该型雷达将是美国空军主要的远程地面传感器，可通过战区空中控制系统为联合部队空中分队探测、识别、跟踪和报告空中目标，还可提供精确、实时的空中图像，以便在各种环境和运行条件下提供空中交通管制服务。

美国海军进行高能激光武器系统演示　美国海军两栖运输船"波特兰号"（舷号LPD-27）在12月15日在亚丁湾航行时进行了高能激光武器系统的演示。此次演示使用的是固体激光武器系统演示器（LWSD），型号为

Mark 2 MOD 0 P，交战目标为静态水面训练目标。美国海军在一份声明中表示，"波特兰号"此前在2020年5月对LWSD进行了测试，当时它在太平洋作业时成功使一架小型无人机失效。海军作战部长迈克尔·吉尔迪在此次测试后称，"定向能将是我们海军的未来"。

印度试射新型地地导弹 印度国防研究与发展局宣布，12月22日在奥里萨邦海岸外的卡拉姆成功进行了自主研发的地地导弹"普罗拉亚"（Pralay）的首次飞行试验。试射任务实现了所有"目标"，新型导弹遵循预期的准弹道轨迹并以高精度到达指定目标，对控制、制导和任务算法进行了验证，所有子系统都运行良好。导弹由固体推进剂火箭发动机和许多新技术提供动力，射程为150~500千米，可从移动发射架上发射。导弹制导系统包括最先进的导航系统和一体化航空电子设备。

诺斯罗普·格鲁曼公司完成下一代过顶持续红外有效载荷关键环境测试 12月15日，诺斯罗普·格鲁曼公司和鲍尔航空航天公司组成的团队完成了下一代过顶持续红外系统地球同步轨道导弹预警卫星有效载荷工程开发单元的关键里程碑测试。卫星将由主承包商洛克希德·马丁公司制造。此次完成的关键环境测试包括：环境功能测试、热真空室测试和声学测试，模拟了轨道上的实际情况，确保有效载荷为恶劣的空间环境做好准备。测试于2021年11月在诺斯罗普·格鲁曼公司加利福尼亚州的工厂结束。测试完成后，诺斯罗普·格鲁曼公司战略力量计划副总裁鲍勃·梅尔雷特称，团队有望2023年交付这一关键国防系统的有效载荷。目前，该卫星计划2025年发射入轨。

2021年先进防御领域重大演习

演习名称	演习时间	演习目标	参演力量	实施过程
美军亚太地区联合反导演习	2021年3月	以朝鲜导弹袭击为目标，保持战备状态并确保执行任务的能力	驻日美军第38防空炮兵旅、驻韩美军第35防空炮兵旅、驻夏威夷的第94陆军防空与导弹防御司令部、驻关岛的E-3"萨德"炮兵旅	本次演习是美军驻亚太地区弹道导弹防御部队首次进行的联合演习。演习采用计算机模拟方式进行，假设朝鲜向日本方向发射弹道导弹，美军对弹道导弹进行探测、跟踪和拦截，共享军事情报并实施联合演练弹道导弹作战计划。共享亚太地区导弹防御联合演习，表明美军正逐步实现亚太地区导弹预警-跟踪-拦截-评估体系的有效集成和实战能力的提升
"海上演示/强大盾牌2021"防空反导演习	2021年5月至6月	展示盟军在实弹联合一体化防空反导环境中的互操作性	比利时、丹麦、法国、德国、意大利、荷兰、挪威、西班牙、英国和美国10个国家15艘舰艇以及飞机和地面部队	此次实弹一体化防空导弹演习由美国海军第六舰队领导，由北约指挥机构和北约总部负责指挥和控制，此次演习以西班牙F-105型克里斯托弗·哥伦布号护卫舰作为旗舰，通过使用北约指挥控制报告结构，展示盟军实弹联合一体化防空反导环境中的互操作性

257

续表

演习名称	演习时间	演习目标	参演力量	实施过程
美以"杜松猎鹰21-2"反导演习	2021年7月	提升美以双方反导协同能力	美国欧洲司令部和以色列国防军	"杜松猎鹰21-2"是2021年2月12日结束的首次虚拟"杜松猎鹰"的延续。此次演习的主要内容为：美军和以色列国防军共同测试紧急响应程序，弹道导弹防御和危机响应援助，以支持以色列的防御
伊朗"维拉亚天空-1400"年度联合防空演习	2021年10月	提高部队的战备状态，评估伊朗防空系统对抗各种威胁的能力	伊朗陆军防空部队	演习中伊朗成功地进行了针对防空系统的电子战和网络攻击的兵棋推演。此外，伊朗陆军防空部队测试了其"乔山"和"哈塔姆"两种新型导弹系统。装备"乔山"和"哈塔姆"本土防空系统的陆军防空部队摧毁了试图渗透演习区域的低空敌对目标
俄罗斯反高超声速武器演习	2021年10月初	在外军尚未装备高超声速武器的前提下，俄罗斯防空部队进行高超声速武器防御演习，具有超前的战略意义	俄罗斯多军区防空导弹团	按照演习部署，西部军区S-400防空导弹对敌方飞机、巡航导弹和高超声速导弹的模拟靶弹进行了实弹射击。防空导弹还顺利通过了技术、战术和导弹射击的年度考核。同时，东部军区S-400和"铠甲"-S1防空导弹团在卡普斯亚尔靶场进行了梯次防御协同演习，成功摧毁6架高速、机动和超低空飞行的测试靶机

续表

演习名称	演习时间	演习目标	参演力量	实施过程
美国陆军"会聚工程 21"开展联合防空反导实验	2021年11月	"会聚工程"试验中防空反导是部分主要目标是通过对传感器和射手的连接提升防空反导能力	美国陆军	演习中，对手发射了两枚导弹对美军太平洋上的资产进行打击，美国各军种的导弹防御系统针对这两个威胁目标，进行协同的火力分配打击。此次测试中，美国陆军已尝试将自己的防空反导系统与其他军种的传感器和射手连接，多个传感器和射手的信息相互高速传输，构成一个杀伤网，而不是单一的反导系统拦截窗口内找到最佳射手的能力

附录

259

2021年先进防御领域重大试验

名称	国家	事件	验证的关键能力	时间
美国海军借助无源传感器发射"标准"-6导弹	美国	美国海军在"无人一体化战斗问题21"演习期间，借助无源传感器，开展"标准"-6反舰导弹发射试验，目标装备一个小型雷达探测范围外目标。试验中，目标装备一个小型雷达反射器和一个能发出电磁信号的中继器，无人机、有人/无人水面舰的传感器检测到目标中继器的信号，并传输给"约翰·费恩"号驱逐舰。驱逐舰分析信息并确定目标位置后，发射一枚"标准"-6导弹，成功击中400多千米外的目标	本次系列试验主要验证了美国海军借助无源传感器混合网络增强目标探测能力的关键技术	2021年4月
美国海军进行"标准"-3拦截弹道导弹互操作试验	美国	此次拦截试验中，荷兰军舰使用其"SMART-L MM/N"雷达提供了预警弹道轨迹，收到此轨迹信息后，美国海军驱逐舰发射了2枚"标准"-3导弹，成功拦截了从赫布里底群岛发射的弹道导弹靶弹	本次试验主要验证了将盟国完全整合到以前由美国独立承担的任务中的能力，这种具有极高技术水平的互操作性是导弹防御的关键	2021年5月

续表

名称	国家	事件	验证的关键能力	时间
以色列完成无人机载激光武器拦截测试	以色列	试验在以色列中海海域上空进行,激光器部署在飞机平台上,在约900米的飞行高度,成功拦截1千米外的多型无人机靶机。综合分析,此次试验采用的激光器可能为固态二极管泵浦激光器,最大功率100千瓦,电光转换率可能达到35%	本次试验主要验证了:①机载战术无人机武器的可行性;②激光器小型化、高质量光束、高精度跟踪瞄准、机体和气流振动、热管理等关键技术能力	2021年6月
美国陆军一体化防空反导作战指挥系统完成最终研发试验	美国	试验中发射了两枚巡航导弹靶弹,一枚靶弹负责执行毁伤雷达的电子攻击任务,另一枚靶弹负责对高价值资产进行打击。美军使用IBCS探测跟踪来袭巡航导弹,识别威胁目标,并发射"爱国者"-3号弹进行拦截	本次试验主要验证了IBCS连接跨军种传感器的能力,为美军构建作战部署前的初始作战试验奠定了基础	2021年7月
美国连续开展海基末段反导齐射拦截试验	美国	试验中,"拉尔夫·约翰逊"号驱逐舰齐射4枚"标准"-6 Dual 2导弹,同时拦截2枚模拟近程弹道导弹的靶弹,成功拦截了其中一个目标,另一个目标未成功拦截。此前5月29日还进行了一次拦截试验,齐射2枚"标准"-6 Dual 2导弹,拦截1枚模拟中程弹道导弹的靶弹,未获成功	本次试验部分验证了美国海基末段反导能力,为构建应对反舰导弹弹道中段导弹提供支撑	2021年7月

续表

名称	国家	事件	验证的关键能力	时间
美军在本土完成首次"铁穹"试验	美国	美国陆军、以色列导弹防御组织和拉斐尔公司成功完成了对"铁穹"防御系统的首次实弹测试。驻得克萨斯州布利斯堡的第3-43防空炮兵连执行本次测试,"铁穹"系统在测试中成功击中了八个巡航导弹模拟靶标	本次试验主要验证了"铁穹"系统应对巡航导弹的能力	2021年8月
美国海军开展"高能激光与一体化光学致盲与监视系统"测试	美国	美国海军宣布在"阿利·伯克"级驱逐舰上成功集成首套"高能激光与一体化光学致盲与监视系统",目前正在弗吉尼亚州的沃洛普斯岛开展测试试验。该系统是一款60千瓦功率的光纤激光武器系统,由洛克希德·马丁公司负责研发,具备软硬杀伤无人机等目标的支援能力,既可用硬杀伤方式毁伤无人机等目标,也可用软杀伤方式对光电传感器实施致盲干扰,还可利用其跟瞄系统为水面舰艇提供远程情报、监视和侦察支持	本次试验将验证舰载激光武器用于反无人机作战的能力	2021年8月

续表

名称	国家	事件	验证的关键能力	时间
美国导弹防御局测试"地基拦截弹"新型助推器	美国	试验中,"地基拦截弹"在三级火箭助推器末点火状态下成功释放杀伤器。这是二/三级可选火箭助推器以二级模式进行的首次飞行试验,该能力通过软件升级实现,操作员可以根据威胁的位置和速度,在两级或三级拦截器之间进行实时选择。二级模式能在飞行高度较低时就拦截近界,为美军中段反拦截导弹的二段防御"系统拦截近界,为美军中段反拦截导弹提供更多的交战时间和空间,增加对洲际弹道导弹的二次补拦截机会,提升拦截成功率	本次试验主要验证了"地基拦截弹"在三级火箭助推器末点火状态下实施拦截的能力	2021年9月
美国陆军完成"定向能-机动近程防空"系统首次测试	美国	测试模拟可能的多种作战场景,检验了该系统应对无人机和火箭弹、火炮炮弹和迫击炮弹的能力。该系统基于"斯特赖克"装甲车开发,配装了Ku波段多任务半球雷达和50千瓦级激光武器,具备对威胁目标的全向探测能力,最大拦截距离5千米,可在行进中射击	本次试验主要验证了装甲车实战拦截载50千瓦激光武器的能力	2021年10月
俄罗斯进行反低轨卫星试验	俄罗斯	俄罗斯成功进行一次地基直升式反卫星试验,利用一枚直升式反卫星导弹击中"宇宙-1408"卫星。"宇宙-1408"是位于600千米左右高度的一颗低轨卫星,于1982年发射升空	本次试验主要验证了俄罗斯新型拦截弹对低轨空间目标的拦截能力	2021年11月

263

续表

名称	国家	事件	验证的关键能力	时间
以色列试验高空浮空式传感器	以色列	以色列导弹防御组织开始对高可用性浮空器系统进行充气操作,并开始测试部署在以色列北部的高空传感器系统。以色列的高可用性浮空器系统是世界上最大的高空气球系统之一,可携带具有威胁探测和预警功能的传感器,可增强以色列现有防空系统的远距离探测和预警能力	本次试验主要验证了基于浮空器的高空预警探测传感器的技术可行性	2021年11月
"爱国者"-3 MSE导弹完成重要里程碑测试	美国	在飞行测试中,两枚"爱国者"-3 MSE导弹成功地与IBCS集成,在新墨西哥州白沙导弹靶场成功拦截战术弹道导弹	本次试验主要验证了"爱国者"-3 MSE导弹与美国陆军一体化防空反导作战指挥系统的首次集成	2021年11月

2021年先进防御领域重大项目

序号	项目名称	机构	项目背景	研究内容	关键技术及解决问题	研究进展	作战影响
1	改善的国土防御拦截弹	导弹防御局	2019年8月22日，美国国防部终止了"重新设计杀伤器"项目。导弹防御局计划利用"重新设计杀伤器"项目下相关技术未来后续项目的研发	2022财年，导弹防御局在改善国土防御拦截弹项目下，为"下一代拦截弹"申请9.26亿美元。"下一代拦截弹"允许在助推器和有效载荷之间进行交换，改善了系统生存能力，并提高了对未来威胁的应对能力	拦截器载荷设计；助推器设计；建立"下一代拦截弹"设计的功能基线	2021年3月，美国导弹防御局向洛克希德·马丁公司和诺斯罗普·格鲁曼－雷声公司团队授出研发合同。12月20日，诺斯罗普·格鲁曼－雷声公司团队宣布完成"下一代拦截弹"的系统需求审查（SRR）	下一代拦截弹将是未来美国国土防御的重要组成部分，在融合了前期多目标拦截器等技术的基础上，会成为美国导弹防御的核心节点之一

265

续表

序号	项目名称	机构	项目背景	研究内容	关键技术及解决问题	研究进展	作战影响
2	"宙斯盾"导弹防御系统	导弹防御局	导弹防御系统（MDS）支持计划提供了将要素导弹防御能力组合成一个单一、集成和分层的系统所需的关键产品和流程，以应对现有威胁并提供新的防御能力以应对新出现的威胁	2022财年，导弹防御局为"宙斯盾"导弹防御系统申请7.32亿美元。导弹防御项目主要包括将"标准"－32A集成到"宙斯盾"武器系统中，将动能弹头的硬件通用性工作转移到硬件集成试验中，以及为支持初始部署进行战备弹生产	持续开发"标准"－31B导弹导引头与姿轨控发动机相关技术；研发"标准"－32A导弹的远程交战能力；发展"宙斯盾"系统基线10的软硬件	本年度对"宙斯盾"系统主要集中在现有雷达能力升级及新雷达集成上，将进一步提升"宙斯盾"系统的侦察感知能力
3	高超声速滑翔段武器系统	导弹防御局	高超声速防御工作将开发和演示先进技术，以应对未来的高超声速威胁能力。导弹防御局（MDA）将开展系统工程研究，提升高超防御能力技术	导弹防御局将继续开展概念定义和未来导弹防御结构工程需求研究，以应对不断发展的威胁。导弹防御局将开展"区域滑翔阶段武器系统"高超	为了解决高超声速威胁防御所需的关键技术，导弹防御局将着重于高超声速防御组件的进一步研究，以及通过竞争性开发新发展来导弹新的武器概念	现阶段，美军重点关注宽视场红外焦平面阵列、目标信息高速低处延时通算法、等技术的发展，并基于高超防御作战特性，建立针对性	美国高超声速防御技术的不断成熟和体系架构的不断完善，将有效填补美国当前导弹防御体系对高超声速武器的防御能力空白，

266

续表

序号	项目名称	机构	项目背景	研究内容	关键技术及解决问题	研究进展	作战影响
3	高超声速滑翔段武器系统	导弹防御局	成熟度。相关工作将进一步完善导弹防御系统体系结构,具备应对未来新威胁的能力。工作针对近期和长期高超防御技术的体系架构研究、技战性能分析、综合系统集成以及地面/飞行测试和评估等部分	高超声速防御武器研究,并充分利用现有系统和技术,构建未来高超声速防御体系。这些都将提升导弹防御局的高超声速防御能力	防御局将评估这些概念并确定其成本、风险和性能等方面的可行性;导弹防御局还将加强分析工具的研究,以评估工具的研发,并为后期技术开发提出需求。进一步完善解决高超声速威胁所需的系统工程、技术开发活动和近期组件开发能力,包括体系结构开发能力、路线图开发。它还包括对现有和新功能的评估、识别,开发整个高超声速技术链所需的新技术和新功能	的建模仿真系统,预计2021年导弹防御局将交付用于弹道和高超声速的"高超声速和弹道跟踪传感器"系统的宽视场红外焦平面阵列样品	具备对弹道导弹和高超声速武器的一体化防御能力

267

续表

序号	项目名称	机构	项目背景	研究内容	关键技术及解决问题	研究进展	作战影响
4	高能激光功率开发	导弹防御局	大功率激光器能够用于巡航导弹甚至弹道导弹防御，美军已经开展反巡航导弹水平的大功率激光原型机研制工作，美国国防部办公室在多个激光武器项目基础上，开展"高能激光激发及控制技术"研究，聚焦提升高能激光原型机功率上限	目前，美军正在开展300千瓦级激光器的原型机定型及系统集成工作，未来将进一步向500千瓦级水平过渡，同时开展激光传播中大气环境影响的仿真建模研究	关键元器件可靠性及系统适配性研究；开展对激光的相关控制技术研究，尤其是空气对激光传播的影响	2021年主要工作是：对光纤激光器模块、光谱光束组合光纤阵列及光栅等关键元器件进行技术校验，确保其能满足总体功率要求；开展激光束控制研究及光束实验及采用建模及实验的方法，研究在实际大气环境下，高功率激光产生的光晕等对传播的影响；基于实验数据继续完善激光毁伤效果数据库	如果该技术进入实战应用，将成为美军现有防空反导体系的重要补充，能显著降低美军防空反导拦截成本，提升对远程火箭弹、巡航导弹、短程弹道导弹等的拦截能力

续表

序号	项目名称	机构	项目背景	研究内容	关键技术及解决问题	研究进展	作战影响
5	高超防御颠覆性技术探索	导弹防御局	美国导弹防御局为应对对手快速发展的高超打击能力，提出本项目以推进高超防御领域前沿技术及先进概念的开发	提供识别、开发整个高超防御杀伤链所需的新技术和能力，以支持高超防御体系的高速替代方案，以及解决新威胁的能力	解决高超声速目标防御中对来袭导弹的探测问题；研究对高超目标信息高速处理算法，解决对目标的识别问题	2021年主要工作是：在关键领域探索、开发和演示高超声速防御全杀伤链的先进技术：宽视场数字焦平面阵列；高速处理和算法开发；高速率、低时延数据通信；搜寻器技术探索；提升推进技术的机动性和动力管理能力；快速响应多模式传感器/搜索器技术；高集成化单轴原子陀螺仪；适应剧烈加速度、冲击和振动情况下的导航技术；用于杀伤器的成熟软件算法；建立高超建模仿真架构；先进过程高超防御概念探索	相关技术的发展，将推前推美军反导系统对高超声速目标的预警边界，并为其拦截器执行拦截任务提供目标数据参数

269

续表

序号	项目名称	机构	项目背景	研究内容	关键技术及解决问题	研究进展	作战影响
6	先进概念和性能评估	导弹防御局	"先进概念和性能评估"主要关注新兴的、前沿的、可能增强未来导弹防御能力的技术	导弹防御局将对工业界传感器、定向能、武器系统技术概念、跟踪识别传感器融合算法开展政府独立评估	评估活动包括高超声速防御研发、人工智能和机器学习计划,以及从左到右的关键技术集成。创新的架构概念定义和评估方法将使导弹防御局能够验证承包商技术解决方案,并评估用于未来导弹防御体系结构概念。该项目支持网络安全缓解的监测和跟踪,以及对网络影响新兴技术的探索	2021年度主要工作是:①通过将性能与指挥与控制、战斗管理、通信网络集成在一起,量化新兴概念的贡献和武器系统的最终能力演示;②开发用于AI测试平台的计算基础设施以及深度神经网络,并评估其在机器学习中的潜在应用;③开发初始集成建模和分析功能	本项工作虽然不会直接作用于作战能力提升,但是将充分利用美国高校、企业、科研机构等多方的能力,从多方面推进导弹防御能力建设

270

续表

序号	项目名称	机构	项目背景	研究内容	关键技术及解决问题	研究进展	作战影响
7	"萨德"导弹新型助推器	导弹防御局	美国国防部今年提出要构建新的分层国土防御体系，其中改进型的"萨德"系统将作为弹道导弹防御的最末一级，与地基中段防御系统、"宙斯盾"/"标准"-3 2A系统共同保卫美国本土安全，为此，导弹防御局开展新型"萨德"导弹助推器的研发工作	2020年4月29日，美国导弹防御局发布"萨德"导弹助推器研发和演示信息征询书。根据信息征询书，导弹防御局寻求为"萨德"导弹防御系统研发新型助推器，该助推器将在助推器分离时提高杀伤器的速度，以使"萨德"导弹新型高和射程增加1倍	尚未披露	按照要求，承包商可以提出更大直径助推器方案，但应尽量与原有发射系统兼容；如果不兼容，承包商应提出替代发射系统方案。承包商应于2022财年年底前进行新型助推器的点火试验，2023财年中期进行新型助推器与"萨德"导弹杀伤器的配对试验	相关技术的正式应用，将显著提升"萨德"系统的防御范围，使其具备对洲际弹道导弹的末端拦截能力

续表

序号	项目名称	机构	项目背景	研究内容	关键技术及解决问题	研究进展	作战影响
8	空中拖网	DARPA	与传统的空中目标不同，小型无人飞行器低、小、慢的特征，在城市地形中构成特殊的威胁。"空网"项目旨在研发一种小型无人机感知系统，试图在复杂城市环境中，实现多个小型无人飞行器的监视能力	小型无人机感知系统将使用包含部署在分布式空中平台上的网络传感器组成的体系结构进行监视，能够俯瞰城市地形，观察检测、跟踪和识别小型无人机入侵，以及用于分布式拦截选择	该项目关键技术是开发要承载在无人空中平台上的有效载荷，包括信号处理软件、传感器硬件以及用于分布式自主运行的网络	演示对多个无人机目标识别和跟踪在一个密集多个UAS检测和跟踪。改进分类算法，减少误报。开发自治算法，使平台能够适应城市地形	相关技术在发展成熟后，能够快速向军事领域过渡，提升美军在战场复杂环境下对无人机"蜂群"的侦察、识别、监视能力

272

附录

续表

序号	项目名称	机构	项目背景	研究内容	关键技术及解决问题	研究进展	作战影响
9	战术车载激光器	陆军	战术车载激光技术主要目的是在机动车辆或装甲车上集成激光武器，使激光武器能够快速机动，执行野战伴随机动防空或机动部署等任务。美国陆军在《防空反导 2028》中明确提出要在"机动近程防空"和"间接火力防护"中加入激光武器	战术车载激光技术现阶段主要聚焦 50 至 100 千瓦级激光器的实战能力，以提升对中小型无人机、火炮、火箭弹等的防御能力	高能激光器控制技术；在复杂气候条件下，带有大气补偿的激光传播及控制技术；激光器与平台的匹配问题，涉及激光瞄准、指控及电力系统等	目前，美军开展"高能激光战术车辆演示器"、"近战高能激光先进技术"等项目，已经完成了 50 千瓦级车载激光器的技术研发及平台集成工作，正在开展试验验证，预计 2022 年初步形成作战能力；基本完成 100 千瓦级车载激光器原型机研制工作，并持续优化及光束控制技术研发，尺寸和重量优化及光束控制技术研发，预计 2024 年初步形成作战能力	高能激光的实战运用将极大地提升美国陆军现存的防空力量薄弱的问题，同时激光武器的效费比优势显著，是对付蜂群、火箭弹等的理想手段

273

2021年先进防御领域
重要战略政策汇编

文件名称	2020财年美国弹道导弹防御系统试验鉴定评估报告		
发布时间	2021年1月	发布机构	美国国防部作战试验鉴定局
内容概要	内容包括执行概要、系统构成、使命任务、主要承包商、主要活动、评估结论、相关建议七部分。系统构成：美国弹道导弹防御系统是一个一体化的、分布式全球部署的作战体系，用于保卫美国本土、前沿部队及盟友免遭各种射程弹道导弹的攻击，由4个拦截弹系统以及1个传感器/指挥控制架构组成。使命任务：一是美国北方司令部、印太司令部、欧洲司令部、中央司令部负责控制弹道导弹防御系统，来保护美国本土、盟友、前沿部队免遭各种射程的弹道导弹攻击；二是美国战略司令部负责同步作战及全球导弹防御计划的编制和执行，同时为美国国防部提供支持。主要承包商：波音公司、洛克希德·马丁公司、诺斯罗普·格鲁曼公司、雷声公司。主要活动：一是导弹防御局依据由作战试验鉴定局通过的"综合主试验计划"完成相关试验；二是2021财年，导弹防御局与作战试验鉴定局对"综合主试验计划"进行两次更新，将弹道导弹防御系统组件成熟度、项目修正以及财政限制结合起来。相关建议，导弹防御局应当：一是为弹道导弹防御系统及其组件制定全面的研发和作战网络安全试验和评估计划；二是对每个作战司令部的弹道导弹防御系统资产以及导弹防御局网络和系统进行持续的网络作战评估，以识别和缓解现实网络威胁对弹道导弹防御系统造成的网络安全漏洞；三是继续研发独立的、经过认证的建模和仿真工具及手段以应对当前及未来威胁		

续表

文件名称	《2060定向能的未来——对美国国防部未来40年定向能技术的展望》		
发布时间	2021年6月	发布机构	美国空军研究实验室
内容概要	该报告预测了40年后定向能武器和应用的状态,并提供了一系列情景。定向能的具体例子就是激光、射频设备、高功率微波、毫米波及粒子束技术,这些技术用于产生拒止、降级、损害、摧毁或欺骗等军事效果。越来越多的国家已认识到定向能在各种军事相关任务中的潜力。在这些情景中,美国可能会发现自己在定向能领域处于领先地位或落后于匹敌的国家